CINE DE RED
Películas en el Portátil

Críticas

Serafin G Leon

Para Carmen

3

INDICE

Nota introductoria

Estos artículos, reseñas o pequeños ensayos se redactaron a lo largo de la década del 2000, y fueron originalmente pensados para el medio internáutico. Pero el objeto libro, por la razón que sea (por portabilidad, manejabilidad o tal vez fetichismo) sigue siendo el rey de la palabra escrita. Es por ello que he trasladado las reseñas al papel. El papel le sienta bien a la palabra escrita, como sabemos desde hace milenios.

Las películas escogidas son de diferentes épocas y nacionalidades, aunque predominan las estadounidenses de la década del 2000.

Serafin G Leon.

Londres, febrero 2011

FROST/NIXON. RON HOWARD, 2008

USA. INTERPRETES: MICHAEL SHEEN, FRANK LANGELLA, KEVIN BACON, RERECCA HALL, BASADO EN LA OBRA TEATRAL DE PETER MORGAN

UN "ROCKY" INTELECTUAL

Richard Nixon ha sido una de las figuras más controvertidas de la historia política estadounidense. En cierto modo, ha quedado retrospectivamente como una especie de *presidente maldito*.

No es que la historia de los Estados Unidos como país y como administración resulte, vista desde fuera y globalmente, demasiado edificante. Al menos desde 1898. Su agresiva política exterior, la evidente voluntad de supremacía, su casi desvergüenza a la hora de involucrarse en los asuntos de países ajenos, o su constante pretensión de que lo que no son más que intereses propios coinciden con los intereses globales no ayudan a la imagen de EEUU como potencia cien por cien benigna.

Al igual que Roma, los EEUU tuvieron una primera fase Republicana a la que le sucedió una fase Imperial. En el caso estadounidense, podríamos decir que la Era Republicana cubrió desde 1776 hasta 1898. La guerra contra España supondría la puesta de largo como Imperio del nuevo gigante económico, el punto y final de la República ideal de los Padres Fundadores. Y ese primer siglo del Imperio ha dado unas cuantas figuras sombrías. Pero

9

alguna había de llevarse la palma, convertirse *en cabeza de turco historiográfico*. Richard Nixon (1913-1994) ha sido la figura escogida.

El escándalo de las escuchas ilegales en la sede demócrata del edificio Watergate obligó a Nixon a dimitir en 1974, poco después de ganar su reelección. A partir de entonces se sumiría en un largo silencio. Nadie, ningún periodista por acerado que fuese, parecía poder sacarlo de su hermetismo.

Mientras tanto, el polémico ex-presidente acariciaba la idea de resarcirse ante la opinión con alguna intervención pública contundente, o serie de entrevistas de calidad. De "tapar" dialécticamente con sus éxitos diplomáticos la fea "mancha" del asunto Watergate. A mediados de la década de los setenta, el periodista y *showman* británico David Frost pareció ponerle en bandeja la oportunidad.

¿Quién era David Frost?. De entrada, ni siquiera era norteamericano, y en aquella época se encontraba "desterrado" en la televisión australiana. Especie de Andreu Buenafuente o Xavier Sardà de los setenta, a Nixon le pareció un contrincante fácil para la conducción de las entrevistas que habrían de devolverle (según confiaba) la estima de los estadounidenses. Aceptó casi de inmediato, animado también por la bonita suma ofrecida por Frost.

Según lo pactado, las entrevistas (que se desarrollaron en 1977) habrían de abarcar cuatro bloques temáticos, uno de los cuales sería el asunto Watergate. David Frost acabaría financiándolas de su propio bolsillo, ya que no consiguió interesar a las cadenas estadounidenses, que no veían en él un periodista con la suficiente mordiente para "tumbar" o al menos torear a Richard Nixon.

Las entrevistas habían de durar unos 90 minutos cada una. Antes de empezar, Frost confiaba en sus posibilidades. Pero al concluir la primera de las grabaciones, y mucho antes, el inglés se dio cuenta de que estaba ante una personalidad de lo más correoso, un auténtico maestro del discurso y del intercambio político. No parecía nada claro que algo fuese a salir de ahí. El escepticismo general parecía justificado. Y no sólo eso, sino que resultaba claro que Nixon iba saliéndose con la suya, y metiéndose a la audiencia en el bolsillo. Lo cual irritaba y mucho a aquellos miembros del equipo de Frost que consideraban a Nixon poco menos que un traidor a la esencia democrática de América.

Todo cambió en la última de las entrevistas. Frost se la trabajó muy bien, pues ahí se jugaba su carrera. Tanto él como el ex-presidente sabían lo que estaba en juego. Si Frost ponía sobre la mesa su futuro mediático y televisivo, Nixon se las veía con la opinión pública y los libros de Historia.

De esas entrevistas Frost/Nixon, que se han convertido en míticas, se hizo una obra de teatro a cargo de Peter Morgan, en la que finalmente se ha basado la película de Ron Howard. Alguien ha dicho jocosamente que la cinta es una especie de *Rocky intelectual*. Divertido y certero, el comentario: David Frost en el papel de Rocky, *el bueno*, y Richard Nixon, *el malo*, que va machacando a su contrincante hasta el "inesperado" giro final, en el que el " bueno" triunfa.

Y ese giro final inesperado, vino, pues en la entrevista final, cierto material de última hora del que pudo disponer Frost (que no anduvo nada inactivo antes de esa "batalla" definitiva) le permitió hacerse con la "victoria". Increíble *Knock out* de Nixon. Logró que el ex-presidente reconociera ante las cámaras su responsabilidad. Dos frases inmortales en la historia de la entrevista política televisada: **"*He dejado tirado al pueblo estadounidense, y tendré que llevar esa carga toda mi vida*"**. Y sobre todo: "*Si el presidente lo hace, no es ilegal*", algo que dejó estupefactos a Frost y a la audiencia.

La película de Ron Howard, del 2008, recoge con solvencia el *pathos* de las entrevistas, ese "*Rocky intelectual*". Las interpretaciones de Michael Sheen y Frank Langella son más que verosímiles y transmiten toda la tensión en torno al tratamiento informativo de uno de los episodios clave de las últimas décadas de historia estadounidense.

Y las imprecisiones en relación a los hechos reales no son excesivas. Nada más puede pedírsele. *Frost/Nixon es* un verdadero thriller que nos despierta una curiosidad irreprimible hacia la Política y el electrizante relato de la Historia.

AGOSTO 2010

MULHOLLAND DRIVE. DAVID LYNCH, 2001

EEUU-FRANCIA. INTERPRETES: NAOMI WATTS, LAURA ELENA HARRING, PAUL THEROUX, ANN MILLER. MUSICA: ANGELO BADALAMENTI.

HOLLYWOOD DE TERROR Y SUEÑO

La última y enigmática película de David Lynch fui a verla en dos ocasiones diferentes, aunque en la misma sala barcelonesa: el Maldà, uno de los pocos y cristalinos espacios que no han sido cubiertos aún por ese vertido que son las multisalas.

La primera vez *Mulholland Drive* me produjo cierto desconcierto, ante todo el extraño tramo final; aunque me llevé la seductora impresión de un notable atractivo estético: las estudiadas amalgamas de luz y sombra, el uso de determinados tipos de color (la combinación entre el negro y un elegante azul oscuro), los personajes y decorados sugerentes y oníricos, ciertos motivos recurrentes de gran magnetismo (las carreteras en sombras iluminadas por faros de automóvil o la pavorosa vista nocturna de la *ciudad de los sueños*) y otros elementos típicos del cine de David Lynch. A mi segundo visionado de la película acudí ya sin ninguna pretensión de entenderla, tan sólo con la intención de dejarme llevar por su suave y vagamente amenazante discurrir onírico (con algún que otro chapoteo de inesperado terror); también fui con el ánimo, pues ese día me sentía sensual, de volver a disfrutar con la contemplación en pantalla grande del maravilloso rostro de Naomi Watts.

No obstante, y aunque no lo esperaba, en esta segunda ocasión me fue posible comprender *Mulholland Drive* un poquito mejor: cierto entendimiento, cierta revelación fue abriéndose camino, casi sin esfuerzo, simplemente dejando libre la imaginación, más que forzando la razón o el análisis. Pero la película permite tantas interpretaciones como existen soñadores o espectadores; en cierto modo es tan indescifrable como los sueños o como la mente de Lynch, que con esta nueva creación se consolida no ya como un director sino también como un guionista genial y un auténtico *soñador* de historias. Alguien para quien sin duda las fantasías o ensoñaciones no son menos reales que la llamada (y en exceso sobrevalorada) realidad. De David Lynch tal vez hubiera podido decir Borges lo mismo que escribió, sino recuerdo mal, sobre Macedonio Fernández: *no permitía que la realidad le estorbara.*

La historia nos habla de una mujer joven (Laura Elena Harring) que tiene un accidente en mitad de la noche, con la *limousine* que la transportaba y en medio de un difícil trance. Como resultado queda amnésica, siéndole imposible incluso recordar su nombre. En estado de completa confusión va a parar al apartamento de una joven de provincias que sueña con triunfar en esa ciudad o arrabal de sueños o de pesadillas que es Hollywood. La joven en cuestión (una Naomi Watts algo ingenua que sufrirá una radical transformación en el tramo final del film) acoge a la desconcertada noctámbula, tras lo cual las dos llevarán a cabo extrañas indagaciones y vivirán peripecias que rozarán lo fantástico.

Hay un punto clave en la misteriosa película del director de Montana y que podemos situar aproximadamente cuando ya se llevan proyectadas dos de sus terceras partes: al volver Betty (*Naomi* Watts) y *Rita (Laura Elena Harring)* del onírico teatro nocturno al que tan inesperadamente ha arrastrado la segunda a la primera en mitad de una amorosa noche, y tras entrar de nuevo las dos en el apartamento, *Rita* se percatará súbitamente de la desaparición de Betty y empezará a buscarla con la mirada *¿donde estas?*

preguntará en castellano en la versión original del film (el español es aquí un idioma misterioso, mensajero de realidades ocultas). Echa mano de la llave con la que abre la enigmática cajita, centro neurálgico del film; luego vendrá un fundido en negro, como si entráramos en una nueva dimensión del espacio-tiempo o en una realidad paralela. Y es a partir de ahí donde comienza otra película, más crepuscular y sombría, que bordeará constantemente la pesadilla.

En este nuevo y oscuro escenario hallaremos a los mismos personajes que en el tramo inicial de la historia, pero como si de alguna manera hubiesen sido barajados como un mazo de cartas o se les hubiese asignado papeles e identidades diferentes. El relato ha sido reordenado. Betty se nos aparece con un nuevo aspecto, ojeroso y asalvajado, completamente distinto al ingenuo y casi angelical del principio. Esta reestructuración de la historia nos regalará además una infartante escena lésbica entre la ahora animalesca Betty y una más bien etérea Rita ¿Qué es realidad y qué sueño? ¿la primera parte? ¿la segunda? una de las primeras ideas que se nos ocurren al asomarnos a la mente de Lynch es que nos está exponiendo en forma de sueños e imágenes una reflexión sobre Hollywoood, cuya realidad puede ser tan luminosa como atroz o pesadillesca.

Y uno de los grandes atractivos de *Mulholland Drive* es justamente su ambigüedad, su inteligente y ordenado caos; cada espectador debe hacer su propia interpretación en base a su experiencia íntima y personal, y me imagino que ese es el objetivo del propio Lynch: crear una especie de fantasía tan incomprensible y misteriosa como un sueño, como una de esas funciones del sorprendente y enigmático teatro nocturno que desde hace ilimitados milenios nos visita tantas noches para nuestro consumo privado, para nuestra maravilla o nuestro terror.

La interpretación que podríamos hacer de este *sueño* de David Lynch es la siguiente: la primera parte es una especie de fantasía del personaje de Naomi Watts, una ensoñación que la involucra a ella y a su amada (Laura Elena Harring), la fantasía típica del enamorado (de la enamorada en este

15

caso), que no puede concebir un destino diverso del de la persona amada y que sólo es capaz de imaginar (en tanto se prolonga esa intoxicación mental que es el enamoramiento) vivencias conjuntas. La segunda parte es la amarga realidad de la soñadora.

Y esto es lo más sobrecogedor (lo aterrador) de la cinta de Lynch: el pensar que sus iniciales dos terceras partes son tan sólo el sueño de una mujer que se encuentra dramáticamente desdoblada entre el amor y el odio, de alguien que odia hasta el extremo de asesinar o pactar el asesinato de la amada, pero que es capaz de seguir queriéndola y adorándola como para no dejar de recrear en su mente ensoñaciones que las involucran a ambas. No obstante, *Mullholland Drive* pone en el mismo plano la realidad y los sueños: son intercambiables, y las interpretaciones no se agotan.

Mención aparte me merece la fascinante música de Angelo Badalamenti que convierte los títulos de crédito de la película (con esa *limousine* circulando lentamente en medio de la noche vagamente iluminada) en uno de los momentos mágicos de esa galería de ilusiones, de ese ilimitado *Wonderland* que es *Mulholland Dr.*

DICIEMBRE 2002

2001, UNA ODISEA DEL ESPACIO. STANLEY KUBRICK, 1968

2001, A SPACE ODISSEY. GB-EEUU. GUION: STANLEY KUBRICK Y ARTHUR C. CLARKE. INTERPRETES: KEIR DULLEA, GARY LOCKWOOD. MUSICA: JOHANN STRAUSS, RICHARD STRAUSS

SALIR DE LA CUNA

Aprovechando una retrospectiva que sobre Stanley Kubrick ha llevado a cabo la Filmoteca de la Generalitat a lo largo de este mes de enero del 2002, he podido ver por primera vez en pantalla grande (tras varios visionados en pantalla pequeña) el inagotable clásico que me dispongo a comentar.

Decía Tsiolkovsky que la Tierra era la cuna de la humanidad, pero que no nos íbamos a pasar la vida en la cuna. Viendo ahora la película de Stanley Kubrick *2001 Una Odisea del Espacio* y recordando las entusiásticas predicciones que existían en los años 60 respecto a la evolución de la conquista del espacio y la situación del hombre en el ámbito aeroespacial hacia el (entonces) futuro año 2001, lo primero que a uno se le ocurre es que el hombre se resiste a abandonar la cuna.

En 1957, con el lanzamiento del Sputnik por parte de la ahora extinta URSS se inició la llamada Era Espacial; según este cómputo, por cierto, el año actual (2002) sería el 45 de dicha Era. Durante el resto de la década de los cincuenta y a lo largo de los sesenta y setenta, se harían enormes progresos en el ámbito aeroespacial: lanzamiento de satélites artificiales, astronautas en órbita en torno a la Tierra, envío de un buen número de sondas a otros planetas del sistema solar, tanto por parte de la URSS como de los

EEUU....hasta llegar a ese clímax de 1969 que supuso la llegada a la Luna del *Apolo XI* de Neil Armstrong y compañía.

Durante la época del rodaje de *2001* (entre 1963 y 1968), muchos expertos estimaban que, teniendo en cuenta esos avances que se estaban logrando en aquel momento, para cuando llegase el 2001 no solamente se habría puesto pie en la Luna (esto al menos sí que finalmente se consiguió) sino que ya existirían en ella colonias científicas permanentes o semipermanentes, existiría la posibilidad y la tecnología para llevar astronautas más allá del cinturón de asteroides (es decir, al sistema solar exterior) y la cibernética habría avanzado hasta el extremo de desarrollar ordenadores parlantes y superinteligentes, capaces incluso de "cortocircuitarse" por un escrúpulo de "conciencia".

También serían posibles (según nos mostró finalmente la película de Kubrick) logros bastante más audaces y aun descabellados a priori como la posibilidad técnica de la hibernación de seres humanos durante un periodo más o menos largo. En resumen, Kubrick y Clarke, con el apoyo de especialistas científicos, pretendieron recrear en el film un retrato más o menos realista del que habría de ser el 2001 real, al margen claro está, del descubrimiento del monolito (con la consecuente evidencia de la existencia de una inteligencia extraterrestre) y la peripecia niestzcheana de Dave Bowman.

Pero a finales de los setenta, tras veinte años de intensa efervescencia aeroespacial, la cosa empezó a enfriarse gradualmente; y ahora, a principios del tercer milenio y con la guerra fría ya hace más de un decenio liquidada, sólo quedan los Estados Unidos como única gran potencia aeroespacial (con la excepción de Rusia y la UE, que hacen lo que pueden). Y al no tener ya casi competencia de ningún tipo en ese ámbito ni verse en la necesidad (contrariamente a los sesenta) de tener que demostrar que el sistema capitalista es mejor y capaz de mayores excelencias tecnológicas que la antigua bestia socialista, los americanos se toman el asunto con bastante más calma y tranquilidad. Quizá con demasiada.

Claro que esto último que estoy relatando (el nivel tecnológico del 2001) se refiere tan sólo al escenario, o a uno de los escenarios, en el cual se desarrolla la película de Stanley Kubrick o la (posterior) novela de Arthur C. Clark (que nos hablan, además, del alba del hombre y sobre todo de su remoto futuro). Pero el verdadero objetivo de *2001 una Odisea del Espacio* no es el del retrato-predicción del mundo y su nivel de sofisticación técnica en el primer año del siglo XXI, sino el hablarnos de algo mucho más esencial e intemporal, algo pavorosamente más allá del optimista 2001 recreado o de nuestro (más bien decepcionante) 2001 real.

¿Y cuál es ese tema? El tema se le ocurrió a Stanley Kubrick tras leer el texto de Clarke *El Centinela*. El reputado autor de ciencia-ficción inglés colaboró con Kubrick en la redacción del guión, y más tarde a partir de dicho guión, escribiría la novela homónima que corre por ahí. La película finalmente realizada nos habla del mayor y más grave asunto que el intelecto humano puede abordar: la (incompleta) evolución biológica y cultural de nuestra joven especie en el marco de un Universo aterrador y gigantesco, repleto con millones y millones de soles, de los cuales el nuestro es uno más y también de la posibilidad (muy cara a Clarke) de que tal evolución esté de alguna manera, tutelada desde *fuera*.

La película fue considerada por algún crítico como el primer film niestzcheano de la historia del cine, puesto que nos narra, de una manera simbólica y encapsulada, la conversión de nuestra especie desde su pasada condición homínida y simiesca hasta el *superhombre* futuro, pasando por nuestro actual estadio que, según ese esquema, podríamos considerar como intermedio. Una de las claves de ese visionario relato de nuestra evolución como especie es el descubrimiento de un monolito en la Luna de origen inequívocamente extraterrestre; como resultado de su accidental hallazgo, se producirá una perturbación que recorrerá el Sistema solar hasta alcanzar Júpiter y Saturno.

Tal perturbación es una especie de señal de alarma o de piloto rojo encendido cuyo objeto es indicar (a nuestros *tutores*) que el mono desnudo (como lo llamó Desmond Morris) no sólo se ha bajado ya de los árboles y ha aprendido a caminar erguido, sino que ha conseguido saltar a la misma Luna, es decir, ha accedido al conocimiento científico-técnico y por lo tanto, ha entrado de lleno en un nueva dimensión cultural: ha quemado una etapa.

Kubrick nos cuenta todo esto mediante una enigmática sinfonía visual repleta de simbolismos y metáforas visuales que nos han de sugerir todo tipo de ideas en relación al tema de nuestro verdadero lugar en un universo casi infinito y al problemático asunto de nuestro futuro, y por lo tanto evita la narración cinematográfica *standard*, con diálogos rotundamente explicativos o voces en *off* que habrían podido dar lugar a una cinta mucho más clara y trasparente, pero mucho menos ambigua y sugerente, con una carga conceptual infinitamente menor.

2001 está llena de momentos felicísimos. El primero que se me viene a la memoria es la famosa escena del hueso que se metamorfosea en una nave espacial. Es, como se ha dicho repetidamente, la elipsis más grande de la historia del cine ya que abarca el vertiginoso periodo de un millón de años. Cualquier otra elipsis de la historia del celuloide es una pequeñez a su lado. Recuerdo un ensayo de Jorge Luis Borges, incluido en *Otras Inquisiciones*, cuyo título era *El pudor de la historia*; ahí el argentino nos argumentaba que buena parte de los más grandes sucesos que han marcado la historia de la civilización humana (contrariamente a los sonoros hechos militares, de los que la Historia está llena) apenas se nos han relatado o referido, o lo han sido de manera pudorosa o casi secreta: el nacimiento de la Tecnología sería uno de esos silenciosos instantes. Stanley Kubrick (y esto nunca dejaremos de agradecérselo) nos muestra en primerísimo plano y en pantalla grande ese misterioso momento, que la Historia no ha registrado.

El homínido pre-humano, precursor nuestro, descubre el tremendo poder que puede tener un hueso en su mano al golpearlo contra una osamenta; siente como si la fuerza de su brazo se hubiera quintuplicado. Hasta entonces, se malalimentaba de bayas y demás frutos; llevaba una existencia forzosamente vegetariana y había llegado a sentir las punzadas del hambre. Todo esto se ha acabado; a partir de ahora podrá cazar y saciarse con toda esa carne ambulante que le rodeaba y a la que se había creído incapaz de acceder. También podrá expulsar a grupos rivales y delimitar su territorio. Acaba de nacer la Tecnología, esa de la que nos sentimos tan orgullosos y que nos ha convertido en los reyes de la creación, esa misma capacidad tecnológica que nos ha llevado ya fuera de la Tierra y que algún día nos permitirá quizá tocar las estrellas.

El peludo y simiesco pre-humano lanza el hueso al aire lleno de júbilo; la pavorosa elipsis que viene a continuación nos colocará de golpe en el mundo de la alta tecnología y de la conquista del Espacio.

En efecto, el hueso se transformará, en el fotograma siguiente, en una nave espacial. El aterrador itinerario cultural y científico-tecnológico del Homo Sapiens a lo largo de ese millón de años queda magistralmente recogido en esta inolvidable elipsis. Y es entonces cuando se inicia ese maravilloso ballet espacial al compás del *Danubio Azul* de Johan Strauss, con la nave que lleva a Floyd a la Estación Espacial, con la propia Estación Espacial danzando en la negrura del espacio cuyo fondo es el infinito. Esos inolvidables minutos de Espacio y vals decimonónico a mi me sugieren además la hermandad que debe haber entre el progreso y la sofisticación científico-tecnológica y el mundo del arte y las humanidades.

Otro momento memorable de *2001* es el del viaje psicodélico que emprende Bowman cuando atraviesa la *Puerta de las Estrellas*; sin duda constituye una especie de homenaje a la cultura lisérgica y psicodélica tan en boga en los años sesenta, época del rodaje del film.

¿Y cómo olvidar el momento de la muerte de Hal, uno de los instantes más emotivos y patéticos de la historia del Cine? Se ha dicho que *2001* s una película en la que los hombres mueren en silencio y las máquinas lo hacen llorando como niños.

Algún reseñista ha escrito que *2001* (al haber alcanzado ya cronológicamente ese año) ha sido fagocitada por el tiempo. Esto es, evidentemente, absurdo y demuestra hasta que punto la película, pese a llevar más de treinta años fabricada, continúa en buena medida sin entenderse. Quizá

21

al tema sobrepase a muchos críticos, con frecuencia incapaces de remontarse a su propia época. Incluso ese imaginado mundo del 2001 que la película retrata, con sus ordenadores parlantes y sus viajes al sistema solar exterior (y que teóricamente representa el presente de la pavorosa historia que nos narran Kubrick y Clarke), queda todavía bastante lejos de nuestras actuales posibilidades tecnológicas. Pero es que lo que en verdad nos cuenta el film es una historia que se mide en millones de años y de la que no hemos llegado ni a la mitad: *si alguien nos está observando ahí fuera*, apenas se habrá acabado de acomodar en la butaca y en la pantalla los títulos de crédito habrán desaparecido hace tan sólo unos instantes.

Tendrán que pasar quien sabe si millones de años hasta que esta película vea su tema agotado y superado, pues *2001 una Odisea del Espacio* no se refiere a nuestro primitivo siglo XXI, ni al recién estrenado tercer milenio sino a un futuro remoto y misterioso que sólo los más visionarios autores de ciencia-ficción han sido capaces siquiera de vislumbrar: aquel en el que nuestros descendientes (los de la humanidad), libres ya de su enclaustrante condición animal, vuelvan, para quedarse, a esas lejanísimas estrellas que un día nos vieron nacer y de cuyo material estamos hechos; un material que quizá no sea sólo el de los sueños.

FEBRERO 2002

GHOST WORLD. TERRY ZWIGOFF, 2001

EEUU. INTERPRETES: THORA BIRCH, SCARLETT JOHANSSON, STEVE BUSCEMI, BRAD RENFO. BASADO EN EL COMIC DE DANIEL CLOWES

LA GUARDIANA DEL CENTENO

Otra película sobre el vacío de la existencia (no se cuantas van ya); y yo me digo: ya que el hombre occidental es tan inteligente y avispado en lo que se refiere a retratar el vacío y la nada, en señalar la irrealidad y el absurdo de la existencia o mejor, del mundo que él mismo ha construido (y que por cierto, está gradualmente imponiendo a otras culturas), ¿tal vez no debería más bien empezar a concentrarse justamente en llenar esa nada, en cambiar los fundamentos de nuestra cultura y civilización, en lugar de tanto melancólico e interrogativo lloriqueo?.

Lo comento porque al paso que vamos, nos acabarán cayendo encima otros cincuenta años (digamos) y nos encontraremos en el mismo punto, eso sí, con algún que otro cachivache más, tan sofisticado como quizá inútil, pero sin habernos movido ni un milímetro de nuestro mundo afantasmado. Quizá entonces venga alguien y fabrique otra película del tipo de *Ghost World*, y vuelva a contarnos el tema (ya casi clásico) de lo desconcertante de la realidad y el efecto que ésta produce en un adolescente nihilista y disconforme, descolocado frente a nuestro absurdo mundo de espectros. Y volverá a caérsenos (a espectadores y críticos) la baba y diremos: he aquí de nuevo una espléndida e inteligente representación de nuestra miseria.

23

La peripecia de este Holden Caulfield con minifalda, la película rodada por Terry Zwigoff , está basada en el popular y homónimo cómic de culto de Daniel Clowes y su relato de la adolescencia constituye, en cierto modo, el reverso tenebroso de *American Pie*. Para la hosca y gafuda Enid (una excelente Thora Birch, que según confiesa, no comparte nada con su personaje lo que hace que su interpretación tenga aún mayor mérito), el mundo es una obra de teatro que la hastía, que simplemente la aburre. Y no hace demasiados esfuerzos por ocultar o maquillar su casi permanente fastidio. Pero yo creo que es demasiado inteligente para simplemente acabar levantándose de la butaca y marcharse, dejando la obra a medias o apenas comenzada. Seguro que terminará por encontrar algún recurso mental o intelectual (y quizá no tenga ni que leer a Camus para ello) que le permita acarrear indefinidamente, aunque sea de manera resignada e irónica, su absurda, nuestra absurda piedra.

En medio de su apesadumbrado naturalismo, *Ghost world* cuenta con algún fogonazo onírico, tan inesperado como hermoso. Pienso en ese autobús fantasmal que increíblemente, acaba recogiendo al viejo que de manera interminable y absurda espera en la parada de una línea fuera de servicio. Un autobús que también habrá de recoger a la propia Enid, el centro de gravedad de la película de Zwigoff, esa gordita borde y egocéntrica de la que uno acaba enamorándose.

Es seguro que escritores y cineastas volverán a colocarnos sobre el mantel el tema del que con tanta honestidad e inteligencia nos habla *Ghost World*, y lo harán con diferentes presentaciones y ornamentos de lo más atractivo y variado (estilos, actores, lenguajes). Tal vez nos hagan creer, como en otras ocasiones, que estamos ante una historia nueva, ante una crónica inaudita y desenmascaradora. Pero quizá algún día (quien sabe cuándo) en lugar de retratar y señalar el vacío, nos decidamos, simplemente, a intentar llenarlo.

ENERO 2002

EL FANTASMA DE LA OPERA, DE ANDREW LLOYD WEBER. JOEL SCHUMACHER, 2004

EEUU-GB. INTERPRETES: GERALD BUTLER, EMMY ROSSUM, PATRICK WILSON. MUSICA: ANDREW LLOYD WEBER

EL FANTASMA VA AL CINE

Andrew Lloyd Weber estuvo durante muchos años dudando sobre si permitir o no que su hiperexitosa obra diese o no el salto a la pantalla de cine. Parece ser que la primera propuesta que se le hizo en tal sentido data de fecha tan temprana como 1988. Y digo temprana porque *El fantasma de la Ópera* (el musical) se había desplegado sobre la escena sólo unos años antes, y tal vez Weber consideraba que el invento aún no había sido suficientemente exprimido en los teatros. Y si a ello añadimos la incertidumbre de los productoras cinematográficas en lo que se refiere al género del musical a lo largo de los años noventa, podemos explicarnos el porqué se ha tardado tanto en convertir en película esta agradable y pegadiza ópera-rock.

Pero en el 2001 la cosa pareció cambiar: el musical cinematográfico experimentó un claro *revival*. *Moulin Rouge* -con Ewan McGregor y Nicole Kidman- fue un éxito. Más tarde vino *Chicago*, *starring* Richard Gere y Renée Zelweguer. Total, que en el 2004, Andrew Lloyd Weber -y las productoras- vieron ya claro tras años de dudas que la obra podía al fin trasladarse al medio cinematográfico. Y a ello se pusieron.

El fantasma de la Ópera -película- es, como no podía ser de otra manera, de una deslumbrante espectacularidad. Hará sin duda las delicias de los amantes del musical y de la obra de Andrew Lloyd Weber (y yo me cuento entre ellos).

La novela de Gaston Leroux ha ejercido una extraña fascinación a lo largo de un siglo, desde su lejana publicación en 1911. Parece claro que ésta reelaboración del tema de Frankenstein conocerá en el próximo y también en el distante futuro nuevos acercamientos. El ser deforme que vive oculto, que ha de vivir oculto a causa de su deformidad y del rechazo que ésta le supone -o que cree que le supone o ha de suponerle- que para entretener su soledad ha desarrollado una gran maestría en el campo del conocimiento y del sentido estético, continuará recorriendo el arte y sus formas: música, literatura, teatro, cine.

¿Porqué Christine opta por Raoul -el joven inconsistente, de arrojada simplicidad, entusiasta de trajes y corbatas, consciente de su apostura y elocuencia-, y *acaba desestimando su propio lado Oscuro*, su ser más recóndito y sofisticado, allá donde *El Ángel de la Música*, ese arquitecto, ese artista, ese soñador, podría conducirla, si se dejase? ¿Sólo porque el rostro del petimetre Raoul es más regular y simétrico que el del enmascarado? La pregunta, la cuestión, -aunque pudiera parecerlo- no es baladí.

Uno de los más deslumbrantes descubrimientos de la película es Emmy Rossum, actriz que desconocía por completo y la encargada de dar vida a *Christine*. Emmy Rossum, retened ese nombre. 18 añitos. Su cara y su voz son una maravilla. Contemplándola se siente uno de pronto poseído por el recuerdo de Audrey Hepburn.

JULIO 2005

LA PIANISTA. MICHAEL HANECKE, 2001

LA PIANISTE. FRANCIA-AUSTRIA. GUION: MICHAEL
HANECKE. INTERPRETES:ISABELLE HUPPERT, BENOIT
MAGIMEL, ANNIE GIRARDOT, SUSANNE LOTHAR.

HORROR EN EL SUBSUELO

Son ya siete las películas que integran la filmografía del
pesimista y sombrío Michael Haneke; y en cada una de ellas
parece insistir en mostrarnos una visión del mundo
ciertamente desoladora. Tres de sus obras para el cine (*El
Séptimo Continente, Bennie´s video y 71 fragmentos para
una cronología del azar*) fueron etiquetadas por los críticos
como la *trilogía de la glaciación*; y ese es en efecto, uno de
los temas de los que nos ha hablado Haneke en su cine: la
glaciación de ese Occidente que con una arrogancia algo
absurda se ha autodenominado desarrollado.

Así, en una cinta como *Bennie's video* del año 1992 (la
segunda incursión del director austríaco en la pantalla
grande) nos sentimos golpeados al comprobar la indiferencia
moral del protagonista adolescente y de la rica y
desarrollada sociedad que lo enmarca, sociedad cuyo único
contacto con el dolor y "el mal" tiene lugar casi siempre a
través de un monitor, dispositivo que en realidad sólo nos
muestra la representación (convenientemente editada y
manipulada) de ese mal. La reacción del moralmente gélido
adolescente ante el asesinato que inesperadamente acaba
de cometer es tan sólo el de una más bien ligera aprensión o
inquietud, como cuando uno trae malas notas a casa y no
sabe como se lo habrán de tomar sus progenitores (*¿qué*

dirán papa y mamá?... se me va a caer el pelo). Pero los papás darán la cara por el niñito-monstruo (en realidad víctima y producto de una sociedad enferma y moralmente desmantelada) y tras el horror y estupor iniciales, diligentemente trocearán el cadáver de la amiguita, más que nada para no verse señalados como padres de un joven "monstruo" por el hipócrita mundo que les rodea. Mientras tanto, el colegial responsable del acto incomprensible y atroz, permanece tranquilo en su confortable cuarto-búnker, con su ordenador, su monitor, su video...

En *La Pianista*, la última producción de Haneke, nos encontramos ante la desacomplejada descripción (o insinuación) de las ponzoñosas aguas estancadas que pueden existir bajo la cultura y el refinamiento de una mujer representante de la aparentemente límpida sociedad vienesa. Para Haneke, Austria es una sociedad enferma, bajo cuya resplandeciente superficie se agazapan la podredumbre moral y el aleteo de lo oscuro y lo corrompido. Erika, la pianista, sería ante todo un producto-tipo de la porción más excelsa de esta sociedad austriaca, un mundo que podríamos hacer extensivo a toda la Europa rica y desarrollada, de la que España, por cierto, hace ya tiempo que forma parte para bien o para mal.

Erika tiene una sexualidad que podríamos considerar enfermiza y que se centra básicamente en el *voyeurismo*; claro que esto no es precisamente un rasgo inhabitual y sin ir más lejos, con seguridad más de uno (y más de cuatro) de los que están leyendo estas líneas comparten esa afición: según datos proporcionados por los principales motores de búsqueda, el sexo ha sido siempre, desde los inicios del Internet que hoy conocemos, el concepto más buscado por los internautas; pero esta profesora de piano es también aficionada a la práctica de actos algo más aberrantes que el simple y ordinario voyeurismo, como son la inclinación a autolesionarse, una recóndita y secreta pasión por el *sado* y sus herramientas, y el ejercicio del maltrato psicológico a sus alumnos.

Aunque no es Erika la única que invita a la reflexión en esta turbadora película de Michael Haneke; por ejemplo si desviamos por un momento nuestra atención del personaje bordado por Isabelle Huppert (quizá la mejor actriz de Europa en estos momentos, dicho sea de paso) y la dirigimos a ese Walter Klemmer, el alumno que intenta seducirla, podríamos hacernos varias preguntas: ¿cuáles son las verdaderas intenciones de este Adonis (que adivinamos bien servido) en relación a la madurita Erika? ¿la ama realmente, como él mismo asegura?, ¿intenta entrar en el oscuro juego *sado* propuesto por la profesora y que tal vez sea una de las pocas experiencias que faltan en una biografía sexual con seguridad generosa? ¿intenta solamente complacer a Erika (condesciende incluso en pegarla, como ella desea), para así obligarla moralmente a un toma y daca sexual del que él se llevaría la parte más convencional? ¿o en el fondo no es más que un egoísta, que con su intento de conquista de la profesora se ha puesto un simple reto personal a mayor gloria de su narcisismo?

La madre de Erika es igualmente un personaje de cuidado; sin duda es responsable, al menos en parte, del *desequilibrio* (no se si llamarlo así) de la profesora de piano. La película, dicho sea de paso, nos deja ver indirectamente el pasado de Erika, seguramente muy similar al del presente de esa alumna constantemente presionada y atosigada por su madre (encarnada por la actriz austríaca Susanne Lothar) y que acabará sufriendo en carne propia la íntima y secreta brutalidad de la profesora.

La más excelsa música que ha dado la civilización occidental (la música es una de las pasiones de Haneke), nos acompaña a lo largo de todo este recorrido por el subsuelo cultural y emocional de Erika, que en cierto modo es nuestro propio subsuelo, y ese Schubert y ese Schumann subrayarán la discordia entre la brillantez de la superficie de nuestro mundo y lo tenebroso de aquello que habitualmente se oculta debajo.

En su cine, Haneke le pone siempre al espectador europeo las manos sobre los hombros y le susurra que esos *Reyes Magos* en los que se empecina en creer, en realidad no existen. Y más valdría que nos diéramos por enterados de una puñetera vez y corriéramos a enfrentarnos no solamente con esta Pianista (que es de lo mejor que ha aparecido en el 2001) sino con todas las demás películas del germano-austríaco que estén a nuestra disposición, en vídeo o en pantalla grande.

Y hagámoslo cuanto antes: no vaya a ser que nos acabe pasando como a ese culto y aparentemente equilibrado matrimonio de *Funny Games* (la película que más me impactó del director austríaco) y recibamos en nuestro cómodo y soleado espacio de confianza y autoengaño la visita del horror, de ese horror que existe ahí fuera y del que sólo conocíamos su insistente y lejana representación. ¿Agregaré que algo de esto último ya nos sucedió el pasado 11 de Septiembre?

MARZO 2002

1984. MICHAEL RADFORD, 1984

GB. INTERPRETES: JOHN HURT, RICHARD BURTON, SUZANNA HAMILTON. BASADA EN LA NOVELA DE GEORGE ORWELL

LOS MUERTOS

(La siguiente reseña se refiere a la novela original de Orwell, descarnada materia prima no solo de la película de Michael Radford, sino de una versión anterior de Michael Anderson, de 1956.)

(...)

Los pájaros cantaban; los proles cantaban también, pero el Partido no cantaba. Por todo el mundo, en Londres y en Nueva York, en África y en el Brasil, así como en las tierras prohibidas más allá de las fronteras, en las calles de París y Berlín, en las aldeas de la interminable llanura rusa, en los bazares de China y del Japón, por todas partes existía la misma figura inconquistable, el mismo cuerpo (el de los proles) deformado por el trabajo y por los partos, en lucha permanente desde el nacer al morir, y que sin embargo cantaba. De esas poderosas entrañas nacería antes o después una raza de seres conscientes. «Nosotros somos los muertos; el futuro es de ellos», pensó Winston. Pero era posible participar de ese futuro si se mantenía alerta la mente como ellos, los proles, mantenían vivos sus cuerpos. Todo el secreto estaba en pasarse de unos a otros la doctrina secreta de que dos y dos son cuatro.

— Nosotros somos los muertos — dijo Winston.

— *Nosotros somos los muertos* — *repitió Julia con obediencia escolar.*

— *Vosotros sois los muertos* — *dijo una voz de hierro tras ellos.*

George Orwell, *1984*

Puede leerse perfectamente como una historia de terror. Yo creo que es la obra de terror de nuestro tiempo, junto a las jocosas pesadillas de Kafka. Nuestra gran novela gótica *(vosotros sois los muertos)*. Y sin duda la mejor de las distopías. Y es que está hecha con todo el miedo y la sangre de la época. Es un discurso político, sí, pero pocas veces la política, la advertencia, el avistamiento y la profecía habían tenido un poder tan fuerte y directo, una más angustiosa capacidad para abrirse camino de un hachazo hacia la conciencia y romper el mar helado. Ese que según Kafka llevamos adentro.

Surge la poesía, brota increíblemente, como hierbajos entre los tablones de un suelo sangriento. Se rompe el pisapapeles que es una esfera y una metáfora y se rompe contra ese suelo y esa sangre. Se rompe la esfera y se esparce el contenido. Y se rompen los personajes, Winston y Julia, y el lector se rompe.

Al final, uno de los mayores desasosiegos que la literatura pueda dar. La sospecha de que el solipsismo y Berkeley y O'Brien y El Partido Interior estén en lo cierto. Si todo es un producto de la mente, si la verdad no es más que una construcción cultural y social, ¿existe entonces *realmente* dicha Verdad? Yo creo que sí, que no es sólo una construcción, sino unos cimientos, pero esa certidumbre ha temblado durante la lectura, para luego recuperar su equilibrio. Mi certidumbre ha temblado, y creo que la de muchos lectores. Que una novela, un simple texto, hoy día te haga temblar es algo insólito, increíble. Reseñable.

Una distopía (*Farenheit 451, A Brave New World, 1984, La Posibilidad de una Isla*) siempre es una exageración. Las sombras son ahí inimaginablemente densas. Pero hay que pintar el cuadro con esos oscuros: sólo así se abre camino el impacto. Las sombras pueden ser más furtivas e inciertas fuera de los libros: ahí está el peligro, que no se las vea en la Realidad, bajo el chorreante sol de la vida cotidiana. Hay totalitarismos muy sutiles, en el mundo real, ahí en esa luz. Pero cuando la *verdad* queda reducida al insultante periodismo declarativo, a los textos volátiles, al entramado verbal que puede hacerse y deshacerse: ahí están las sombras. El lenguaje reducido a la *neolingua* de la corrección política *(recién llegados, daños colaterales, violencia).* El idioma escamoteando miserias e infamias, el idioma desmantelado. Orwelliano *tout court.* Esa libertad proclamada e ilimitada o el crecimiento económico insistente que jamás (o muy raramente) se visualiza fuera de las pantallas. Las mentiras, en suma. Igual que en la Oceanía que soñó el aterrado Orwell.

Una gran obra no lo es sólo por la limpidez y honestidad de su mensaje. Orwell sabía muy bien de lo que hablaba cuando se refería a la tramposa *neolingua* y su poder reconvertidor de lo real, a la caprichosa reconstrucción del Pasado, al Ministerio *de la Verdad* y la manipulación (y sus sutiles trasuntos de nuestro mundo cotidiano), la falsedad como norma, los vastos gregarismos, los tótems ideológicos que ahogan la crítica, la dilución del individuo en nombre de las gloriosas abstracciones. Orwell vio, y muchos antes de él, la "necesidad" (desde la perspectiva del Sistema) de mantener al hombre en un estado nunca demasiado alejado de la pobreza, el infinito sometimiento al trabajo (imprescindible método de control social) y a la ebriedad política, el (buscado) embrutecimiento intelectual de las masas (los *proles).*

¿Podrán soñar los postmodernos relativistas con un profeta mayor que O´Brien o una Biblia y texto fundacional como *1984?*

Un destello en medio de la negrura relativista, destello que se filtra en la historia narrada por Orwell: para la guerra, para la acción y la supervivencia (en situaciones límite) de los Estados no queda más remedio que reconocer que *dos y dos son cuatro. No queda más remedio.* Por mucho que la Filosofía y la Política puedan en un momento dado jugar a que son cinco, insistir en que son cinco, jugar al sueño o al solipsismo. Hay momentos en los que hay que abrir los ojos, que ponerse serio. Eso puede leerse en el texto del oculto y encarnizado enemigo del Gran Hermano y del infernal Estado Oceánico. ¿Hay ahí tal vez una posible fisura -o su esperanza- en el monolito argumentativo de O´Brien?.

Cuando acabé la lectura me pregunté qué sería de Winston Smith y de Julia, (lo que me sucede con poquísimos libros), si la derrota era real y definitiva, o el discurso de O´Brien dejaba resquicio. Si esa Sociedad tan inconcebiblemente inhumana sería tan inamovible, si la Historia podía en efecto congelarse de ese modo, o el ser humano congelarse así con ella. *La pregunta del lector sobre los personajes y su destino, al cerrar el libro.* Eso sólo pasa con las grandes obras, esas que son algo más que una construcción verbal, esas que son algo vivo y que nacieron de alguna desdicha permanente de su autor.

Como Musil, como Bloy o como Kafka, George Orwell escribe desde el vigor y la obcecada denuncia. Política en el caso de Orwell, moral en los otros. Que lo escuchemos o no -víctimas y verdugos, que acaso se confundan- eso ya es otro cantar.

JULIO 2007

LA HABITACION DEL PANICO. DAVID FINCHER, 2002

PANIC ROOM. EEUU. INTERPRETES: JODIE FOSTER, KRISTEN STEWART, FOREST WHITAKER, JARED LETO, DWIGHT YOAKAM.

COCINA EQUIPADA, LAVABO COMPLETO Y BUNKER

David Fincher es un realizador del que tenía referencias más bien positivas, sobre todo a partir de *Seven* o *Fight Club*, cintas por lo general bien tratadas por la crítica, por lo cual esperaba su nuevo film, *Panic Room*, con cierta expectación, máxime teniendo en cuenta que incluía en sus títulos de crédito a Jodie Foster, muy probablemente la mejor actriz de entre las que viven y trabajan actualmente en el Estado de California.

Con *La Habitación del Pánico* me he encontrado ante una cinta espléndida desde el punto de vista visual y narrativo, pero bastante más floja y carente de pretensiones en cuanto al desarrollo de su tema o a la profundización en la psicología o razones de los personajes. Es evidente que con David Fincher (al menos en lo que se refiere a esta película) no estamos ante un director ceñudo e interrogativo al estilo de Michael Haneke, ni estamos con *Panic Room* ante algo que recuerde remotamente el denso contenido de los films que nos sirve habitualmente el director bávaro, como puede ser la descripción de la podredumbre moral escondida bajo la bruñida superficie del refinamiento y la alta cultura (*La Pianista*) o la lúcida disertación sobre la "glaciación" de Occidente (y su enclaustramiento respecto a una realidad exterior problemática o explosiva) tema desarrollado en su *Funny Games*, cinta con la que *Panic Room* pudiera tener alguna (lejanísima) relación.

35

Y ello pese a que el asunto propuesto en la última película del director de *El Club de la Lucha* daba potencialmente mucho mas juego: ese lejano punto de contacto con *Funny Games* al que me refería daba para que Fincher y su guionista se hubiesen esforzado un poquito más en la elaboración de una historia algo más punzante, así como para una recreación algo más precisa y vigorosa de los personajes y sus motivaciones. Lo cual unido a la formidable destreza técnica del director de Colorado y al seguro tirón comercial del guión redactado y del atractivo argumento, hubiera podido dar lugar a una película redonda, una de esas cintas que hacen que les caiga la baba por igual a crítica y público.

La habitación del pánico del título es un cuarto rodeado por cuatro muros (además de un suelo y un techo) de espeso acero, un escondrijo provisto de monitores de televisión desde los cuales pueden controlarse los diferentes rincones de la casa (a través de diferentes cámaras dispuestas en rincones escogidos del inmueble), que cuenta con una línea telefónica independiente, además de provisiones, herramientas y material de uso práctico, y todo ello para proveer a los habitantes de la casa de una guarida segura que ha de protegerles de cualquier imprevisto o amenaza externa como pudiera ser un nocturno allanamiento de morada. El personaje que encarna Jodie Foster compra una vasta mansión en Manhattan, NY, provista de una habitación del pánico como la descrita: poco imaginarán ella y su hija, que la primera noche que pasen en la casa tras su adquisición ya tendrán que hacer uso de ese recóndito, hermético y bien equipado paraje.

Esta *Habitación del pánico* podría permitir un no pequeño repertorio de lecturas metafóricas, como pudiera ser la representación de ese individuo de clase alta o media-alta (de ese WASP) con poder económico para hacerse con una enorme y sofisticada vivienda-búnker, con todo el aparato tecnológico de su lado, para aislarse y resguardarse de los excluidos del sistema (y eventualmente olvidarse de que existen); o bien la representación de sociedades enteras que, como la norteamericana, no son sino gigantescas *panic rooms* herméticamente enclaustradas con respecto a todas las demás culturas, percibidas como extrañas, incomprensible e incluso amenazantes, al menos para el resplandeciente e inmaculado ciudadano WASP. Otro tanto podría decirse de la blanquísima y aprensiva sociedad europea respecto del africano oscuro e incordiante.

Pero ya digo, la película de Fincher no se preocupa en profundizar en estas metáforas (por lo demás inmediatas y quizá banales) y nos ofrece un guión sencillo y eficaz pero con personajes de cartón-piedra como son esos maleantes que irrumpen en la casa y que están trazados a brochazos, además de responder a arquetipos bastante manidos (y más vistos que *el tebeo*): el *malo-bueno* (Forest Whitaker), que se encuentra en esa tesitura por razones de fuerza mayor, no desprovisto de humanidad y totalmente contrario a la posibilidad de causar daño físico alguno a las acosadas víctimas; el *malo-malo* (Dwight Yoakam) que lo arregla todo descerrajando balazos y muy dado a la crueldad; y finalmente el *malo-comediante* (Jared Leto), charlatán, vanidoso y gesticulante, además de deshonesto.

Pero es en *la manera de narrar* su película donde David Fincher demuestra que es uno de los directores técnicamente mejor dotados del Hollywood actual: la magnífica puesta en escena, la creación de una atmósfera sombría y casi gótica, los movimientos de cámara absolutamente innovadores y sugerentes, en ocasiones vertiginosos...y sin olvidar sus ya conocidas (y excelentes) virguerías con los títulos de crédito

Lo que no es tan innovador es ese final tal vez demasiado convencional y que hemos visto ya innumerables veces (*Avaricia, Un Plan Sencillo, The Killing, La Comunidad*, por decir tan sólo las primeras películas que se me vienen a la cabeza). Pero en cualquier caso *Panic Room* es bastante más de lo que puede esperarse hoy dia de este tontorrón e infantiloide Hollywood palomitero que padecemos, y yo ya me daría por satisfecho si el nivel medio del chorro de películas californianas que anegan nuestras salas fuera parecido al de este nuevo título del director de *Seven*.

MAYO 2002

38

CARRETERA PERDIDA. DAVID LYNCH, 1996

LOST HIGHWAY. EEUU. INTERPRETES: BILL PULLMAN, PATRICIA ARQUETTE, BALTHAZAR GETTY, ROBERT BLAKE. MUSICA: ANGELO BADALAMENTI, DAVID BOWIE, MARILYN MANSON, LOU REED Y OTROS.

CINE NEGRO ONIRICO

Que David Lynch es uno de los mejores y más originales directores estadounidenses de los últimos veinte años es algo que cada vez menos espectadores y críticos dudan, aunque al realizador de Montana sigan sin faltarle no pocos detractores, en especial aquellos que consideran que el cine (a comienzos del siglo XXI) debe seguir yendo a remolque de la literatura del XIX, con sus relatos perfectamente comprensibles y lineales y rotundamente pulidos y acabados. Tras el bache sufrido en la primera mitad de los noventa (después del éxito televisivo conseguido con *Twin Peaks*), David Lynch ha recuperado y consolidado extraordinariamente su *status* como cineasta en los últimos cinco años con dos espléndidas y caleidoscópicas creaciones, auténticas gemas del cine moderno: *Mulholland Drive* (2001) y *Carretera perdida* (1996).

Creo que estos dos films son los principales causantes de que el adjetivo *lyncheano* comience a remitirnos a un universo casi tan personal y específico como lo *borgeano* o lo *kafkiano*, pongamos por caso. Hace no demasiado, en un foro en Internet sobre literatura fantástica, y hablando de la novela de Gustav Meyrink *El Golem*, clásico del fantástico publicado originalmente en 1915, uno de los participantes escribió que la enigmática obra del autor austriaco *se parecía a una película de David Lynch*. El comentario, curioso y algo rebuscado, no dejaba de ser bastante certero.

En efecto: al igual que cuando sentimos que el sistema nos hace girar como peonzas, llevándonos de aquí para allá de un modo deshumanizado, nos viene en seguida a la mente o a los labios el adjetivo *kafkiano*, cuando estamos ante algo donde de alguna manera se amalgaman la realidad y los sueños, algo en lo que la *realidad* es intercambiable respecto del sueño (y el *soñador* es además alguien desgarrado emocionalmente por una pasión o un sentimiento más o menos intenso), en seguida concluimos que estamos en presencia de una historia *lyncheana*. Pocos artistas (literarios o cinematográficos) cuentan con una personalidad tan marcada como para crear un calificativo de uso casi cotidiano, al menos entre los aficionados al cine y al arte en general.

En definitiva, David Lynch ha pasado de ser una interesante (y no pocas veces despreciada) curiosidad o rareza a convertirse en un director de primerísima fila; alguien que ha vuelto a demostrar (o a recordarnos) las infinitas posibilidades del cine como arte y espectáculo no sólo narrativo (para eso ya tenemos la novela o el cuento) sino visual y sonoro.

Con *Carretera perdida* (film con muchos paralelismos con *Mulholland Drive*) estamos ante una visión lyncheana aún más poderosa que la que nos mostraba la película más reciente hasta la fecha del director americano. La cinta se inicia de una manera que recuerda algo el comienzo de *Mulholland Drive*, pero esta vez enseñándonos una nocturna y vertiginosa carretera y creando una *atmósfera* de imagen y sonido que de alguna manera nos advierte o nos hace presentir que la historia que se nos va a narrar se va a apartar por completo de lo común.

Tras los electrizantes títulos de crédito (con la enloquecida carretera y el acompañamiento del turbador *I'm Deranged* de David Bowie prólogo y epílogo del film), comenzará a desarrollarse ante nuestros ojos una historia a primera vista más o menos comprensible y lineal y que identificamos inmediatamente con una eficacísima película de terror. Pero cuando se lleva avanzada una buena parte del metraje, la historia narrada por Lynch se metamorfoseará en un espléndido relato propio del más típico cine negro, con *mujer fatal* incluida, la misma Patricia Arquette de la primera parte del film, y cuya renovada presencia en este segundo tramo de la historia nos indicará que estamos ante un nuevo y angustioso *rompecabezas lyncheano*. Una vez más, y como ya nos sucedía en *Mulholland Drive*, quedaremos desconcertados ante la acumulación de elementos oníricos y la confusión entre realidad y sueño.

Pero el *soñador* Lynch no nos escamoteará algunas claves que serán útiles sobre todo a aquellos espectadores que no acaban de aceptar el hecho de que a las películas del director de *Blue Velvet* no hay que pedirles mayor linealidad, razón o lógica que a una representación onírica y surreal; por ejemplo: lo desdibujado del personaje interpretado por Patricia Arquette en la primera parte de la historia, su parquedad, su pasividad, su presencia casi nebulosa, nos puede llevar a la conclusión (tal vez acertada) de que se trata de *una mujer soñada*, una fantasía del personaje central de Carretera Perdida, ese atormentado músico de jazz que abrirá y cerrará la alucinante película de Lynch. Asimismo, en la *segunda parte*, la continuada aparición de automóviles propios de los años setenta (aunque no estemos en esa década, pues la película también muestra vehículos recientes) es también claramente un elemento incoherente y onírico. O ese motor de potencia imposible, más propio de la exuberante imaginación de un publicista que de la realidad.

Nada más. Quien tenga el privilegio de poder ver en pantalla grande una película que se estrenó hace ya algunos años, no debería llegar un sólo minuto tarde para no perderse el acelerado y oscuro *introito* con fondo sonoro de Bowie, excepcional pórtico de entrada a una historia maravillosa y aterradora. *Y Carretera perdida*, aunque engancha y sobrecoge a la primera, no es tanto un film para *ver* como para *rever*. El cine de David Lynch admite visionados continuados; como un disco que no nos cansamos de escuchar.

MARZO 2003

41

NORA. PAT MURPHY, 2001

IRLANDA. INTERPRETES: SUSAN LYNCH, EWAN MCGREGOR, PETER MCDONALD, VERONICA DUFFY. BASADA EN LA VIDA DE JAMES JOYCE

AMOR Y COPROFILIA EN TRIESTE

James Joyce (1882-1941) ha sido uno de los santones literarios más reverenciados de nuestro tiempo. El vasto confusionismo de buena parte de su obra ha determinado que el caótico siglo XX lo venerara hasta la extenuación. Aunque tengo la impresión (no se si acertada o no) de que últimamente su figura es algo más discutida que antes.

Quiero decir que si alguien cree que el *Ulises* o el *Finnegan's Wake* son un tostón, tiende a decirlo tranquilamente, o al menos con más libertad que antaño. Aunque ya Juan Benet dijo hace algún tiempo de Joyce que era "un autor costumbrista": es difícil cargarse de una manera más *fina* a un escritor tan pretencioso y de complejidad tan deliberada (según algunos) como el dublinés. De todos modos, al margen de su consideración literaria, no creo que Joyce haya sido realmente demasiado leído. Antes de hacer un solo retorno de carro más debo confesar que yo tampoco he leído (completo) el *Ulises,* su principal obra y una de las *escrituras más sagradas* de la moderna historia literaria. En una estantería duerme, desde hace años, un ejemplar del *Ulises* -para mayor gravedad, en edición francesa- que compré en el mercado de San Antonio por cuatrocientas pesetas: su pesado sueño no ha sido aún turbado.

Claro que al parecer, tampoco lo leyó Nora Barnacle, la

43

verdadera protagonista de la película que se supone reseñamos. Yo tengo para mí que la monumental novela magna del autor irlandés tan sólo la han leído en España tres personas: García Tortosa, José María Valverde y Eduardo Chamorro: los traductores españoles del *Ulises*. Para dar una idea de la complejidad del célebre mamotreto, decir que entre la primera traducción castellana de la inacabable odisea joyceana (la debida al argentino Salas Subirat a principios de los 40) y la segunda, la de José María Valverde, pasaron más de tres décadas. Durante aquellos treinta y tantos años (de 1941-42 a 1976) aquella primera traducción argentina fue la única de la que pudo alimentarse el mundo hispánico: lo cual es indicativo creo yo, de que durante aquel dilatado periodo, el *Ulises* no fue una obra precisamente devorada por los lectores en lengua española.

Sea como fuere, la película irlandesa *Nora* fabricada en el 2000 y que acaba de estrenarse en Barcelona (Octubre 2001) no dice (si no voy errado) ni media palabra sobre el *Ulises*, aunque en los años que el film retrata, Joyce aun no lo había comenzado. En realidad de la obra literaria del autor irlandés la película habla muy poco. Si acaso, alguna alusión a las dificultades que tuvo *Dublineses* para su publicación y poco más. De hecho, el auténtico tema de *Nora* son las apasionadas y turbulentas relaciones entre el egocéntrico y reconcentrado Joyce y la vital Nora Barnacle, descritas muy al detalle, incluso en sus aspectos más técnicos y amatorios.

Nos enteramos por ejemplo, de que su repertorio de posturas era variado y también de que Joyce practicaba la masturbación usando como material para sus fantasías la correspondencia con Nora, en la que al parecer, de todo había. Según nos muestra el film, en los intercambios epistolares, Joyce usaba las dos manos: con una sujetaba la carta en cuestión, y con la otra se sujetaba a si mismo. Los ya iniciados ya sabían, de todos modos, que el contenido de la correspondencia que iba de Dublín a Trieste era de alto voltaje: en ella se descubren también ciertas inclinaciones coprófilas del reverenciado autor, que incluían hasta referencias y alusiones a la ropa interior de Nora, que debía, con arreglo a las preferencias de Joyce, estar un poquito manchada. Pero como decíamos, en lo que a la obra literaria se refiere (no olvidemos que estamos hablando, al fin y al cabo, de *un autor literario*), la película es mucho mas recatada y tímida.

El film se nos antoja, de todos modos, una correcta y atractiva recreación de un momento temprano de la vida de Joyce (el inmediatamente anterior a la redacción del *Ulises*) y especialmente de sus relaciones con Nora Barnacle. La cinta protagonizada por Ewan McGregor (protagonista de *La Amenaza fantasma,* aquí caracterizado de icono literario) será de especial interés para aquellos que quieran mejorar su *culturilla* sobre historia de la literatura mientras (al igual que un servidor) siguen postergando indefinidamente la lectura completa del *Ulises*. Yo por mi parte continúo contemplándolo en su estante con asustado y religioso respeto. Un respeto que me disuade hasta de rozarlo.

OCTUBRE 2001

LOST IN TRANSLATION. SOFIA COPPOLA, 2003

EEUU. INTERPRETES: BILL MURRAY, SCARLET JOHANSSON, GIOVANNI RISI, ANNA FARIS

HILO DE LUZ

Hay un plano en el que aparece una pareja de edad desigual -audazmente desigual- en una cama. Ella se encuentra tumbada de costado, replegada sobre sí, formando casi un círculo; las rodillas y las puntas de los pies dirigidas hacia él. Él está cara arriba, pero con el rostro ladeado en dirección contraria a la chica, como marcando una distancia.

A veces me quedo contemplando este plano, como si se tratara de un cuadro, de una pintura. Elegante, reveladora. Fiera. La película es *Lost in Translation*. La directora, Sofia Coppola. El año, 2003.

Una película necesita cosificarse, materializarse, tomar cuerpo. Como un libro, como un disco, como cualquier forma de arte. Para poder divulgarla, darla a conocer, obtener un dinero y una compensación por ella.

Pero si el arte no necesitara cosificarse; si un director de cine, un artista, pudiese crear simplemente algo y colocarlo en el mundo de los sueños, en el mundo simbólico en el que vivimos los animales humanos...creo que a Sofia Coppola le hubiese bastado con los escasos minutos de este maravilloso plano, de esta secuencia rotunda.

En la cama, aparecen Bill Murray y Scarlet Johansson: los personajes que encarnan. Ella es una veinteañera recién licenciada (para mayor gravedad en filosofía, y en Yale), él, un cincuentón que ya hizo su pacto germano-soviético con el mundo. Descreído, sarcástico, aunque -todavía- a la caza y captura de la huella de dios (que diría Hermann Hesse), del hilo de luz que en ocasiones se filtra y se abre camino -increíble camino- para deslumbrarnos, para hacernos desear la vida.

En la cama aparecen. Un diálogo. Susurros. Tras un coito que no se ha consumado, que no ha tenido, que no tendrá lugar. Ella ha recuperado la posición fetal, pero su rostro y sus rodillas -del embrión veinteañero- están vueltas hacia él. Ella quiere, pero él, no.

Él no quiere. Tal vez debería querer. En cualquier caso es su decisión. ¿de qué serviría? Tres décadas de distancia. Tres centímetros. ¿y luego qué? Tal vez él se desenredaría sin problemas, pero ¿también ella?

La contemplación de este cuadro, de esta suspensión del tiempo (¡en una película!), de este impecable trozo de mundo, es una recarga vital para el espectador. El arte no sólo golpea, sino que vigoriza.

JUNIO 2005

LA HABITACION DEL HIJO. NANNI MORETTI, 2001

ITALIA. INTERPRETES: NANNY MORETTI, LAURA MORANTE, JASMINE TRINCA, GIUSEPPE SANFELICE, SILVIO ORLANDO.

LA VIDA DESPUES DE LA MUERTE

¿Hay vida después de la muerte? Sí, pero para los que se quedan; y el relato de cómo es esa vida, de cómo se ve transformada (trastornada) la existencia de los que sobreviven, es el tema central de *La habitación del hijo*, film galardonado en Cannes en el 2001.

La película de Nanni Moretti nos enseña a una cegadora familia italiana de clase media-alta, una de esas fantasmagóricas familias que por lo general sólo existen en la imaginación de los publicistas y muy de tarde en tarde (y aún de manera imperfecta) en la realidad: padres profesionales, razonadores y empáticos e hijos de impecable trayectoria personal, académica y deportiva, que en pocos años serán ellos mismos tan profesionales, razonadores y empáticos como sus progenitores. *La habitación del hijo* es la inteligente crónica de la dislocación, del desmoronamiento, de una de esas rotundas y modélicas familias ante el hecho desconcertante e increíble de la muerte, en este caso de la del hijo adolescente.

Es evidente que la cultura occidental, decadente en tantos aspectos, no está en absoluto equipada, contrariamente a otras culturas, para enfrentarse al hecho de la muerte. Nos han enseñado hasta el cansancio (aunque no se si con éxito)

49

a comportarnos de manera adecuada (desde el punto de vista de la época) en entrevistas laborales, periodos de prueba, reuniones, vida social y profesional, comidas, cenas, vida en pareja, vida en no-pareja y que se yo cuantas cosas más, pero nadie nos ha dicho ni media palabra sobre cómo conducirnos ante "*esa cosa distinguida*", como la llamó Henry James. Ante ella, la actitud tomada por nuestra deslumbrante época ha sido simplemente la de ignorar su existencia, convirtiéndola en el gran tabú, tal vez con la ingenua esperanza de que, si no hablamos demasiado de ella, quizá desaparezca de nuestras vidas. Los *magos* de la publicidad nos diseñan una representación del mundo en el que habitamos o desearíamos habitar (o deberíamos desear habitar), con sus delirantes y metalizadas escenografías futuristas, sus vidas opulentas e hiperdinámicas y sus experiencias ricas y caleidoscópicas: un mundo en que algo como la muerte no tiene cabida de ningún tipo.

Pero el monstruo, indiferente a tanta sonrisa y positividad (el gran imperativo personal y empresarial de nuestro tiempo), hosco ante la general y bobalicona exigencia de felicidad, continua escondido dentro del armario o bajo la cama y de vez en cuando insiste odiosamente en mostrarnos su rostro agusanado y cadavérico ¿qué ocurre entonces? Pues lo que nos muestra la nueva película del creador de *Caro Diario*: ocurren la irrealidad y la incredulidad, ocurre la pérdida de papeles y en definitiva, el desmoronamiento de una familia que como tal es el átomo cultural de una civilización (la de Occidente) en realidad prendida con alfileres.

La habitación del hijo nos enseña desvergonzadamente un primer plano de la muerte. Así por ejemplo, se recrea en la despedida ante el hijo de cuerpo presente, coloca una lente de aumento sobre el ataúd (algo casi insólito en nuestra actual cultura audiovisual), y nos enseña con firmeza el momento en que lo cierran y sellan. La película de Nanni Moretti, más allá de su contención y elegancia, de su seriedad y honestidad y su falta de melodramatismos, nos recalca y nos recuerda que esa cosa, la muerte, a pesar de todo sigue ahí. ¿O acaso nos habíamos olvidado de ella?.

FEBRERO 2002

REGRESO A HOWARDS END. JAMES IVORY, 1992

CON ANTHONY HOPKINS, EMMA THOMPSON, HELENA BONHAM-CARTER, VANESSA REDGRAVE. BASADA EN LA NOVELA DE EM FORSTER LA MANSION (1909)

INTERACCIONES

(Sobre la novela de EM Forster La Mansion, 1909, en que se basa la película de Ivory)

Escrita en 1909 por el crítico literario E.M.Forster, fue llevada al cine en 1993 con el nombre de *Regreso a Howards'End*. La novela presenta la interacción entre dos caracteres, dos auténticos arquetipos, en principio radicalmente opuestos:el de Margaret Schlegel, intelectual y libre, para quien la cultura es algo esencial, algo que se asimila espiritualmente y modela, mejorando su calidad, la propia naturaleza; en la rivera opuesta, Henry Wilcox, prototipo del profesional, del hombre de empresa de mentalidad práctica y materialista cien por cien, para quien la cultura es un elegante ornamento, como unos mocasines o unos gemelos.

Estas dos maneras de ver el mundo y la vida (y los personajes que las encarnan) interactúan constantemente, se aman y se odian, se acercan entre sí y se alejan, pero finalmente se emulsionan, se combinan de una manera equilibrada. Quizá sea esa la manera más inteligente, en este momento de la civilización en el que estamos (y que *esencialmente* es el mismo que el de 1910), de plantearse la existencia: como un inteligente y cuidado equilibrio entre

51

materialismo y cultura, entre dinero y (verdadero y profundo) refinamiento espiritual y cultural.

No obstante, hoy día no se percibe tal equilibrio: el triunfo de la mentalidad Wilcox ha sido arrollador e incontestable. Lo que se lleva es el culto a lo material y la pornográfica ostentación del éxito económico, pero (y esto es lo malo) combinado con la mediocridad cultural y la vulgaridad, visible sobre todo en el contenido de las televisiones abiertas generalistas, un contenido decidido por el propio público que lo consume. No obstante, y con independencia del momento actual de nuestra civilización, en *La mansión*, Forster resulta visionario (lúcidamente visionario) en más de una ocasión, como cuando hace decir, o meditar, a Megg Schlegel: *"llegará el día, dentro de miles de años, en el que hombres como Henry no serán ya necesarios"*.

JUNIO 2001

AVARICIA. ERIC VON STROHEIM, 1925

GREED.EEUU. INTERPRETES: GIBSON GOWLAND, ZAZU PITTS, JEAN HERSHOLT, CHESTER CONKLIN, SYLVIA ASHTON

BELLA, CERTERA E INUTIL

Demos ahora un vertiginoso salto temporal y situémonos en el silencioso 1925, año todavía presonoro. Fue ese el momento en que Erich Von Stroheim rodó su mudo megaclásico *Greed* (Avaricia).

La película la vi por accidente. Había acudido a la Filmoteca de la Generalitat (prácticamente la única sala de BCN donde aún pueden ejercerse según que cinefilias) para ver un film documental que había visto anunciado en la cartelera. Pero al parecer, se trataba de un error y la cinta con la que finalmente me topé fue la de Stroheim. Cuando ya estaba aposentado en la no demasiado cómoda butaca, percibí en la sala una atmósfera algo extraña: un silencio reverencial como de oficio religioso o sesión espiritista. Me sorprendió la numerosa y aparentemente devota congregación cinéfila que iba ocupando las filas en callado y respetuoso tumulto.

Finalmente se descorrieron las cortinas y comenzaron a desfilar los mudos fotogramas de *Avaricia*, un desfile que habría de durar dos horas. De la película de Stroheim había oído hablar desde hacía años pero las posibilidades que uno tiene en una ciudad como ésta para visionar un film clásico que conoce hasta el tedio por los libros de cine, son bastante reducidas (escribiendo estas líneas me entero de que han inaugurado en Barcelona un nuevo complejo de multisalas: Cinesa Heron City, unos *cines geniales* según su publicidad. Los americanos ya han clavado otro banderín en el plano de la ciudad).

Mientras contemplaba las sepulcrales e inesperadas imágenes (sepulcrales porque eran totalmente mudas, no había banda sonora, ni pianos, ni *ragtimes*, ni nada: silencio total) no pude evitar pensar que películas mucho mas recientes, en cierto modo remitían a *Avaricia*. Recordé *Un plan sencillo*, la imprescindible cinta de Sam Raini; también la más que estimable *La comunidad*, de Alex de la Iglesia, estrenada en Septiembre del 2000. Ambas se parecían al clásico de Stroheim en una cosa: empezaban con una importante suma de dinero, ante la cual a los personajes se les ponían los ojos como platos, y acababan con unos cuantos cadáveres (y el dinero volatilizado, como en aquella memorable cinta de Stanley Kubrick, *The Killing*). Otra vez estábamos ante la enésima crítica del materialismo, de la avaricia, de la vulgaridad, de la bajeza.

Aunque *Avaricia* no fue la enésima, sino una de las primeras, en lo que a cine se refiere. Sin embargo hoy, en el 2001, el mundo es más materialista, avaricioso y vulgar que nunca. Y ahí es donde está la parte desoladora del asunto, lo que nos invita a cuestionarnos la "utilidad" de films como *Greed* y del arte en general. En efecto, pasarán 50 o 100 años y seguiremos fabricando películas (u otras formas artísticas) similares, que aclamaremos como obras maestras imprescindibles, como portadoras de verdad y belleza, como desenmascaradoras del mundo, pero el mundo seguirá como si nada, como ha venido haciendo hasta ahora.

El *Homo Sapiens* en cierto modo, no tiene remedio; cuando ha aprendido algo ha sido a fuerza de bombas o bayonetas, y no con libros ni películas; la ONU sólo se fundó tras los cincuenta millones de muertos de la segunda guerra mundial (que fue causa, como la primera, justamente de la avaricia) más que como resultado de reflexiones colectivas. ¿Para qué sirve el arte, para que sirven películas como *Avaricia*? ¿Para su contemplación estética?

¿Para que unos cuantos *intelectuales* presuntuosos la comenten en la elegante cafetería que hay junto a la *filmo*? En lo que a cambiar el mundo se refiere, estamos ante el enésimo ejemplo de que el arte no sirve absolutamente para nada. Ya lo dijo sucintamente Oscar Wilde en el célebre prólogo aforístico de su *Dorian Grey*: todo arte es completamente inútil.

La Filmoteca de la Generalitat de Catalunya es, junto con el cine Verdi y algún otro, la única sala de esta ciudad en la que he visto mujeres jóvenes solas. Quizá el arte, después de todo, pueda servir para algo. Que tome nota el cinéfilo barcelonés.

OCTUBRE 2001

EL VOTO ES SECRETO. BABAK PAYAMI, 2001

IRAN-ITALIA-CANADA. GUION: BABAK PAYAMI. INTERPRETES: NASSIM ABDI, CYRUS ABIDI, YOSSEF HABASHI, FARROKH SHOJAII, GHOLBAHAR JANGHALI.

COMICIOS DE CARRETERA

El voto es secreto es una interesante muestra del cine iraní más actual; se trata del último producto cinematográfico que desde ese territorio culturalmente remoto ha llegado a las carteleras barcelonesas. Con esta película de Babak Payami realizador iraní educado en Canadá, no estamos en absoluto ante una obra pretenciosa desde el punto de vista lírico o intelectual, tal y como algún crítico ha considerado a otros films procedentes de cinematografías "exóticas" (como la propia iraní), aunque en esta irónica y contenida comedia de carretera no faltan elementos que puedan inducir a la reflexión.

El voto es secreto nos presenta a una enlutada agente electoral enviada por el gobierno de Irán a una perdida isla perteneciente al mismo estado iraní; la agente deberá facilitar a la población de ese apartado lugar el solemne ejercicio del derecho al voto. Para ello, la joven y voluntariosa funcionaria habrá de recorrer, junto con su portátil urna electoral, la desolada y polvorienta geografía de la isla; lo hará junto al escéptico y algo malhumorado soldado que la ha recibido junto a la playa y que le servirá de chofer en el más bien destartalado *jeep* del campamento.

Con el perezoso vehículo habrán de recorrer las carreteras y caminos del lugar, intentando estimular (uno por uno) a los desganados habitantes de la isla a que participen de esa más bien extraña liturgia foránea que son unas elecciones.

Pero la idealista y decidida agente gubernamental y el resignado soldado-chófer pronto comprobarán la indiferencia con la que la población isleña acoge la invitación al más bien molesto sufragio (aunque también haya votantes entusiastas); ese mundo dejado de la mano de dios, sometido a leyes y reglamentos y a relaciones personales que poco tienen que ver con Occidente y sus resplandecientes sociedades, será más bien reacio a la llamada electoral de unos políticos y gobernantes remotos y fantasmales. Por mucho que la administración se tome aparentemente muy en serio las curiosas elecciones portátiles, y envíe un exagerado avión que desgarrará el atávico silencio de la isla para recoger a la esforzada misionera del sistema democrático y sus escasos y laboriosos votos.

La película tiene en ocasiones cierto vago tono a comedia romántica, con entretenidos diálogos entre la funcionaria y el soldado; tampoco falta alguna pincelada casi humorística, como la desconcertante (y quizá sarcástica) detención del soldado ante un semáforo en rojo en medio del desierto: el escrupuloso e inesperado respeto al reglamento de tráfico "exasperará" a la agente electoral, hasta ese momento apóloga minuciosa de la legalidad y sus normas.

Una posible reflexión del espectador ante esta simpática e inteligente cinta es que la democracia no puede implantarse como si tal cosa en una sociedad arcaica que ni siquiera la demanda; antes habrán de llegar la educación y el conocimiento, el cultivo de la mentalidad laica y de la tolerancia, y también el desarrollo material. Y luego vendrá tal vez por si sola esa democracia que ahora interesa más bien poco a estos abandonados isleños que no conocen a los remotos candidatos ni creen en ellos y que ni siquiera habrán de enterarse del resultado de los comicios.

Visioné *El voto es secreto* en el cine Maldà, auténtica perla de las salas barcelonesas, en un inteligente y coherente (como casi siempre) programa doble junto con *Kandahar*, la cinta ambientada en el Afganistán anterior a los bombardeos de los *yankees* y auténtica película *de moda* en el ultimo trimestre del 2001; pero al final me resultaría más grato este peculiar e inesperado *road movie* iraní, que fue como un bello e impagable paseo en *jeep* por un Irán desértico y ancestral.

MARZO 2002

MATRIX. ANDY Y LARRY WACHOWSKY, 1999

EEUU. INTERPRETES: KEANU REEVES, LARRY FISHBURNE, CARRIE-ANNE MOSS, HUGO WEAVING, GLORIA FOSTER

LOS WACHOVSKY Y EL OBISPO BERKELEY

Visioné *Matrix* por primera vez hace ya dos años, en 1999, en el momento de su estreno, pero su asunto es algo que no ha dejado de rondarme la cabeza. No es que esta película haya sido la primera en referirse a un tema, por otra parte ya machaconamente abordado, y no sólo a lo largo del siglo XX: el tema del cuestionamiento de la realidad, algo ya clásico en la ciencia-ficción, al menos en la ciencia-ficción literaria. ¿Es real lo que nos rodea?.

De hecho, estamos ante una vieja cuestión filosófica. Berkeley ya dijo que la realidad no existía, que ésta no era más que un sumatorio de impresiones sensoriales bajo las cuales no había nada. Para el obispo irlandés, *Matrix* (podríamos decir) seria Dios, su buen viejo Dios judeo-cristiano. Por lo tanto, el cuestionamiento de la realidad ni siquiera es patrimonio de la ciencia-ficción del siglo XX, aunque lo que sí ha hecho ésta ha sido desarrollarlo literaria y cinematográficamente, en clave moderna y científico-tecnológica, con todo su aparato de metalizadas y futuristas iconografías.

Matrix, el film de 1999, entra al trapo de la cuestión y más allá de los tiros, los saltos, la acción machacona, su ruido y su furia, es una película que yo me atrevería a calificar de estimable. ¿Cuál es el planteamiento de partida de *Matrix*? Pues que la realidad que nos envuelve, la presunta realidad del año actual (1999), *no es real*, no es más que una realidad virtual desarrollada gráfica e informáticamente, un montón de líneas de código, vaya. Una complejísima aplicación o programa que se desarrolla y ejecuta. Lo apabullante de la cuestión es que la posibilidad técnica de tal desarrollo no parece tan lejana, teniendo en cuenta la actual efervescencia de la ciencia y la técnica informática.

Películas como *Final Fantasy* ya nos hacen vislumbrar a través de una rendija o el ojo de una cerradura lo que se nos viene encima. Pero cuando hablamos de realidades virtuales, de rutilantes y modernísimas "realidades" bajo las cuales no hay más que un pavoroso cráter o un profundo agujero de pesadilla, no hay que pensar necesariamente que tales mistificaciones sean producto de un quizá malsano desarrollo informático. Quiero decir que un "matrix" no ha de ser necesariamente técnico ni informático, sino de otro tipo.

En el foro de una web sobre cine, y comentando justamente la película protagonizada por Keanu Reeves, alguien se descolgó con la idea de que matrix era realidad y que podia probarlo. Bueno, bueno. Yo también creo que matrix es real, pero no me refiero a ese producto de un desarrollo informático que nos enseña la película, si no a un matrix de otra naturaleza, muy diferente, pero tan hueco, tan cubridor de realidades oscuras, tan mentiroso y embaucador como el del film: una especie de *matrix cultural*.

Vivimos inmersos en un sistema económico caníbal. La nuestra es una civilización que se cree muy avanzada, pero que en realidad, es una civilización que funciona a pedales, como los cochecitos de juguete. Y los que tienen que pedalear son justamente los ciudadanos. Si no pedaleamos, la bicicleta se cae. La civilización se cae. En ese cansino y tedioso esfuerzo de pedaleo, los sufridos seres humanos (la mayoría, se entiende) gastan la mayor parte de sus días, semanas y años. En cierto modo, este sistema económico ha colocado al hombre por debajo del gorila. Éste puede llevar vida de tal siete días a la semana, ser fiel a su naturaleza. Y le sale gratis. No tiene que ganarse *esa vida*. El *Homo sapiens* a menudo ha de llevar vida de "bestia de carga" durante cinco o seis días, para poder llevar vida de gorila el día o dos días restantes (a veces el ninguno restante): tumbarse en el sofá, ver la tele, hacer viajes a la nevera.

Hablo, lógicamente de la inmensa mayoría de los ciudadanos del absurdamente llamado *mundo desarrollado*. Ya no hablo de la mayoría de los atestados seis mil millones de seres, de los que muchos se mueren directamente de hambre o viven en la hacinada e inactiva indigencia.

¿Cómo sobrevive un tinglado como este?. Pues creando una realidad alucinógena, ficticia, un tinglado cultural que tape el siniestro agujero en el que ha convertido el mundo el sistema económico vigente en este momento de la historia.

En *Matrix*, creo recordar, eran unas aborrecibles maquinas las que creaban esa ficticia realidad virtual que los humanos ingenuamente identificaban como la realidad real. En nuestro mundo, la realidad ficticia (el matrix cultural al que me refería) la crean los medios de comunicación y (sobretodo) las agencias de publicidad, al servicio de estados y multinacionales y del entramado empresarial, en general.

En una palabra, el *Sistema*, por usar la terminología de los setenta. Según esta mentirosa realidad cultural, la humanidad de principios del siglo XXI vive en una especie de *Wonderland* en el sentido más blanco y publicitario de la palabra. Pero si hiciésemos el esfuerzo de desvanecer esa mistificación mediática y publicitaria y viéramos lo que se oculta debajo, el alarido que pegaríamos parecería salido de una película de John Carpenter, como mínimo. Más que en un *Wonderland*, donde en realidad vivimos es en medio de una oscura y tenebrosa parábola kafkiana.

Y aquí es donde está el valor de la película de los Wachowsky. Simplemente el de recordarnos que lo que nos rodea puede no ser verdad, que lo que nos envuelve pueda no ser más que una fantástica tomadura de pelo de cuatro mercachifles. *Matrix* divulga masivamente una vieja idea metafísica: la del cuestionamiento de la realidad. Puede

63

ayudarnos a tener presente que hay o puede haber algo más allá de nuestras pequeñas y simiescas narices. Yo creo que deberíamos dejar de lado prejuicios "culteranos" y correr al video-club. Y luego reflexionar en el butacón durante unos minutos. Quizá con tan poquita cosa, ya le hayamos dado (desde nuestros diminutos y tambaleantes cuerpecitos) una infantil patadita en la espinilla al "sistema". Y ya será algo. Quizá Matrix (nuestro matrix cultural) no nos creía capaces ni de eso.

DICIEMBRE 2001

INTELIGENCIA ARTIFICIAL. STEVEN SPIELBERG, 2001

AI. INTERPRETES: HALEY JOEL OSMENT, JUDE LAW, FRANCES O'CONNOR, SAM ROBARDS, BRENDAN GLEESON, WILLIAM HURT. SEGUN UN PROYECTO ORIGINAL DE STANLEY KUBRICK.

EL FANTASMA DEL CASTILLO

¿Qué significa *ser* humano? ¿En qué consiste? He aquí algo con lo que tenemos una falsa familiaridad, como nos sucede por ejemplo, con el concepto de Dios. Pero como diría el pensador Edgar Morin somos analfabetos respecto a lo que significa *ser humanos*. Claro que alguna idea sí que tenemos. Si nos hiciésemos la pregunta a nosotros mismos probablemente seríamos capaces de balbucear algunas respuestas, lo que demostraría que casi el común de los mortales tiene alguna teoría al respecto: ser humano consiste en soñar y seguir ese sueño, amar a los otros, horrorizarse ante el dolor ajeno, en ver más allá de lo material, etc.

Recuerdo un enigmático texto leído hace algunos años en la perplejidad de una tarde melancólica. Se titulaba *El fantasma del Castillo*. Cuando nos miramos al espejo, cuando contemplamos nuestro rostro ¿Qué vemos realmente? Nos vemos a nosotros mismos, diremos. Pues no. Nosotros no somos *eso* que vemos. Somos algo desconocido y fantasmagórico cuya esencia se nos escapa y que intentamos descifrar desde hace milenios y ni la filosofía ni la ciencia nos han dado una respuesta concluyente. Lo que se aparece ante nuestros ojos en el espejo no es el fantasma sino el *castillo*, la morada donde habita.

Pero la naturaleza del fantasma es decir, la condición humana, el *ser* humano en definitiva, es algo invisible e intangible, algo que se nos escapa siempre. Pero *ese* algo somos nosotros. ¿En qué consiste ser humanos? Consiste en ser ese fantasma. No confundamos el castillo donde habita el fantasma con el fantasma mismo. Lo de menos es el "castillo" o la construcción donde more el espectro, que esta morada sea orgánica...o mecánica. Sea cual sea la naturaleza del enigmático espectro (es decir lo humano) lo que está claro es que no ha de venir necesariamente en un soporte orgánico o biológico. La música no es sólo música si viene en soporte CD. Lo sigue siendo aunque venga en vinilo o mini-disc. *No identifiquemos lo humano con el amasijo hidrocarbonado que le da soporte.*

David, el niño robot que protagoniza AI (sensacional el jovencísimo Haley Joel Osment, de 13 años) es más sofisticada y refinadamente humano que cualquiera de los patéticos *orgas* que le rodean. Con seguridad lo es bastante más que esos *robotitos orgánicos* que le *pinchan* y le invitan continuadamente a meterse en líos que acabarán valiéndole la expulsión del reducto familiar. Aunque esta vez no ha sido Stanley Kubrick el que agarre la manivela, la película nos narra una odisea, la de David (y en eso se nota la huella del creador de *2001* o de la odisea nocturna de Bill Harford en *Eyes wide shut*). Suyos son la idea y el proyecto de AI, no obstante estamos, indudablemente, ante una película de Spielberg. Una deliciosa película de ese inimitable creador de sueños que es Steven Spielberg.

AI tiene la típica textura de cuento de hadas de muchos films del creador de *E.T.* ¿Qué clase de cinta hubiera rodado Stanley Kubrick? Seguramente algo más crepuscular, mas enigmático. Una cosa que sí está clara es que el director de *A Clockwork Orange* no hubiera usado la voz en *off*, porque Kubrick se comunicaba ante todo con imágenes, más que con palabras (*). El misantrópico director creaba enigmas fílmicos usando el tremendo potencial de ambigüedad de las imágenes desnudas. En *Eyes wide shut* durante bastante tiempo lo único que se oye es el ruido de las pisadas de Bill Harford (Tom Cruise) resonando sobre el nocturno callejero neoyorkino.

AI tiene momentos muy intensos. La secuencia del abandono del niño por parte de la madre es sencillamente sobrecogedora. O ese otro momento en que, tras el incidente con los *amiguitos orgánicos* de la piscina, dejan a David abandonado en el fondo, ignorado como un objeto, mientras todo el mundo rodea con horror y ansiedad al *robotito biológico*. Esa maravillosa secuencia que nos muestra, traslucido por el agua, al niño *meca* en el fondo de la piscina con los brazos extendidos hacia la nada, mientras la cámara va subiendo hacia la superficie, es puro oro fílmico. En cierto modo este instante resume toda la película: como el *Frankenstein* de Mary Shelley, David llevará siempre los brazos extendidos hacia el mundo, buscando afecto. Aunque pocos querrán extender los suyos hacia él.

Con el sombrío material de Kubrick, Spielberg nos ha vuelto a regalar otra de sus gemas, que solo él sabe tallar. Si Steven Spielberg no existiera, habría que inventarlo. O fabricarlo.

OCTUBRE 2001

(*) Esto lo escribí pensando sobre todo en 2001 y antes de ver Barry Lindon, cuyas tres horas de duración están recorridas de principio a fin por una insistente y explicativa voz en off.

DOLLS. TAKESHI KITANO, 2002

JAPON. INTERPRETES; HIDETOSHI NISHIJIMA, MIHO KANNO, TATSUYA MIHASHI, TSUTOMU TAKESHIGE, KYOKO FUKADA

UN KITANO LÍRICO

A primera vista, resulta poco menos que increíble (o como mínimo desconcertante) que una película tan intensamente lírica como *Dolls* sea una creación del mismo director de la atroz y desagradable (aunque en absoluto exenta de interés) *Brother*.

Brother, la anterior cinta de Takeshi Kitano, nos llevaba a un duro y enloquecido universo de violencia, mutilaciones y ajustes de cuentas; nos introducía en el mundo de los *yakuza*, especie de gangsters japoneses o *mafiosi* a la japonesa, trasplantados a Estados Unidos. En *Dolls*, su última y magistral película, podemos rastrear algún guiño del director a *Brother*: así, uno de los personajes (el que protagoniza la segunda de estas tres desoladas historias) es un viejo y respetadísimo jefe *yakuza* que rememora el parque donde se encontraba con su amada cada sábado innumerables décadas atrás.

Tampoco falta en esta nueva obra algún elemento de violencia (implícita), aunque ésta nunca nos sea mostrada de una manera directa como sucedía continuamente en *Brother*. Pero el tono de *Dolls*, esa joyita oriental de delicada y conmovedora dureza, es muy distinto, al margen de las puntuales alusiones al cerrado y violento mundo del interesante director japonés.

Envolviéndolas en un celofán de intensísima belleza plástica, y con una poesía que ya sólo parece al alcance de los japoneses (recordemos la excepcional *El viaje de Chihiro*), Kitaro recupera la tradición de los grandes maestros del cine de su país y nos relata tres historias de amor, pero de un amor punzante, sombrío y desolado, del amor cuando ya no es más que un juguete roto.

El joven que acompañará sin descanso a su exnovia infantilizada por un fallido intento de suicidio; el viejo *yakuza* que increíblemente reencuentra a la antigua amada que lo ha esperado incansablemente durante cinco décadas, el voluntariamente cegado admirador que logra *ver* a su adorada y ahora desfigurada cantante pop...los personajes de estos cuentos suaves e inclementes matan aquello que aman, como todos los hombres acaban haciendo según reveló Oscar Wilde. Pero para luego aferrarse entre lágrimas al cadáver de lo amado.

MARZO 2003

FINAL FANTASY: THE SPIRITS WITHIN. HIRONOBU SAKAGUCHI, MOTO SAKAKIBARA, 2001

JAPON-USA. ANIMACION. PRODUCIDA POR JUN AIDA, CHRIS LEE Y AKIO SAKAI. ESCRITA POR HIRONOBU SAKAGUCHI Y AL REINERT. MUSICA DE ELLIOT GOLDENTHAL

AKI, DAMA DEL JAZZ

El guión de *Final Fantasy* es apenas más complejo que el de aquellas máquinas de marcianitos que arreciaban hacia 1980 y en las que aparecían inacabables filas de monstruitos que el usuario debía convulsamente aniquilar con el disparador que a tal efecto había en la parte inferior de la pantalla. Sin duda el punto fuerte de la película no es el guion científico-místico más propio de un juego de consola (claro que al fin y al cabo el film se inspira justamente en eso, en un videojuego) que de ciencia-ficcion adulta.

Pero si yo me atrevo a decir que *Final Fantasy* es una cinta de indudable interés y casi imprescindible no es por que su contenido rivalice precisamente con *Blade Runner* o *2001* . Su gran atractivo radica en que posiblemente estemos ante la primera película "moderna" (en clave siglo XXI) de la historia: en efecto, puede que *Final Fantasy* sea como el *Cantor de Jazz* de nuestro tiempo (el film de 1927 que inauguró oficialmente el sonoro). Corred a verla, si no la han retirado ya de vuestras carteleras, y de ese modo quizá estéis aún a tiempo para poder contar, hacia el año 2050, que acudisteis al *estreno* de la primera película virtual (aunque como tal tan tosca como esas ralentizadas cintas de principios de siglo respecto del cine más reciente). Desde el punto de vista técnico e informático, el film protagonizado por

71

la bella e intrépida Dra. Aki Ross no es sólo estimable, sino un auténtico prodigio de realidad virtual en estado embrionario.

Con algunas excepciones, como las manos de los personajes, no totalmente logradas, el aspecto de los habitantes de *Final Fantasy* es asombrosamente real y en algún caso, como el del anciano científico mentor de Aki Ross, uno llega incluso a olvidarse de que se trata de una animación. Ni que decir tiene que en todo momento el espectador es consciente de que *Final Fantasy* es un film virtual porque aunque el aspecto de los *actores* sea muy logrado y real, aún es posible percibir a simple vista (como es natural) que no son de carne y hueso sino animaciones tremendamente sofisticadas. Pero tras el visionado de la película, uno no puede abandonar la sala sin pensar que sólo con que dejemos pasar unos añitos (¿20?, ¿30?) y esperemos a que el invento se desarrolle un poquito más, ya tendremos una especie de *Matrix* servido: es decir, imagen virtual indistinguible de la imagen real. A partir de ese momento (que está al caer) *ya podemos agarrarnos.*

La película es una coproducción Japón-USA (aunque en los títulos de crédito los nombres nipones son mayoría abrumadora), pero los rasgos de los personajes son occidentales, me imagino que por razones comerciales (el público mundial está acostumbrado a caras caucasianas y yankees). No obstante supongo que los *japos* habrán tenido que decir algo al respecto: la protagonista tiene un nombre anglo-japonés y su rostro (esencialmente europeo) tiene un vago aire oriental. Intuyo, por otra parte, una cierta voluntad de corrección política en el diseño de la jeta de la heroína. Sus rasgos son finos y angulosos, muy europeos, pero es morena y tostadita: lo mismo podría ser sueca que argelina. Por lo demás, Aki está maravillosamente codificada, con sus estupendas rutinas y variables. He oído que para diseñarla pensaron en un cruce entre la Jodie Foster de *Contact* y la Linda Hamilton de *Terminator*. Les ha salido una especie de Sigourney Weaver tibetana.

¿Y que porvenir le espera al negocio cinematográfico en el distante futuro, tras *Final Fantasy*? Mi opinión es que el cine sufrirá una especie de bifurcación: por un lado habrá un cine desarrollado virtual e informáticamente que será esencialmente comercial y concebido como negocio (tal rama representará la mayor parte de la producción cinematográfica); paralelamente continuará haciéndose un cine "artesanal", es decir con actores reales, y que tendrá mayores pretensiones artísticas y culturales que el industrializado cine obtenido por medios informáticos. Este cine "tradicional" se hará en su mayor parte en países de buen nivel cultural, como Francia, pongamos por caso. También, lógicamente en aquellos donde la industria cinematográfica este técnicamente poco desarrollada: tranquilos, no nos quedaremos sin películas iraníes.

No cometamos pues el habitual error de creer que el cine con actores reales desaparecerá. Y digo habitual porque nos hemos pasado el siglo XX haciendo de *enterradores*: que si el teatro iba a desaparecer, que si la radio iba a desaparecer, que si el cine mismo iba a desaparecer. Recordemos qué se decía cuando apareció el video doméstico a principios de los ochenta, por no hablar de la llegada de la TV en los 50....asi que no empecemos otra vez con el mismo rollo. Seguirá, pues, habiendo cine *artesanal*: sólo si yo fuera Van Damme o Steven Seagal me sentiría irritado y preocupado. Tanto que probablemente me liaría a tiros o mamporros con alguien.

Por último y como decía un melancólico admirador del *star system* femenino hollywoodense, el título de la película que nos ocupa es dolorosamente premonitorio: *Final Fantasy*, fantasía final. ¿qué posibilidades tenía hasta ahora un admirador estadounidense de Julia Roberts, por ejemplo, de encontrársela por la calle? Pocas, de acuerdo, pero era posible la esperanza.

En lo que se refiere a la Dra. Aki Ross las posibilidades del admirador no son mínimas sino del cero absoluto. O sea, que *Final Fantasy*. Se acabaron las fantasías.

SEPTIEMBRE 2001

MOULIN ROUGE. BAZ LUHRMANN, 2001

AUSTRALIA-USA INTERPRETES: NICOLE KIDMAN, EWAN MCGREGOR, JOHN LEGUIZAMO, JIM BROADBENT, RICHARD ROXBURGH.

STUDIO 54 EN EL NOVECIENTOS

Uno creía que el género musical había caído definitivamente en desgracia; por suerte parece que no es asi. Ya en el 2000, Kenneth Brannagh realizó su *Love labours Lost*, un atractivo y original espectáculo que complicaba a Shakespeare con el musical americano. Y ahora nos llega este vistosísimo film que nos hace pensar que quizá la industria cinematográfica ya no considere la música y el baileteo como curare para la taquilla.

La película del australiano Baz Luhrmann es un espectáculo visual de primerísima magnitud; un auténtico estallido de color y movimiento; sin duda se ha puesto mucho, quizá muchísimo dinero sobre la mesa, pero si el resultado está a la altura de este *Moulin Rouge*, por una vez podemos darlo por bien empleado.

Nicole Kidman se nos aparece aquí en un radical cambio de tercio respecto a su otro gran papel de este año: de la asfixiante oscuridad de *The Others*, la australiana se zambulle en este torrente de luz, color y música; en *Moulin Rouge* interpreta un papel propio de folletín francés del XIX, una especie de *Dama de las Camelias*, que además canta y baila. Y no lo hace nada mal, en este su debut como cantante de celuloide.

Aunque la cinta está ambientada en el París de 1900, los

diálogos, los estribillos cantados *a capella* y los números musicales que la recorren, constituyen continuados homenajes a clásicos de la música popular pop-rock de las últimas tres o cuatro décadas. Estos homenajes se integran narrativamente en la película; no constituyen tan sólo acompañamientos de la acción; así cuando el personaje de Ewan McGregor habla con Nicole Kidman sobre su pasión amorosa, le suelta *a capella* un *In the name of love* que es también un homenaje al tema de U2; o cuando le pide que no le deje, la pieza recordada es *Don't leave me this way*, de The Communards.

También hay números musicales completos, como un mestizo y originalísimo *Roxanne* (el clásico de The Police) a ritmo de tango, o una desternillante versión del *Like a Virgin* de Madonna, cantada para asegurar la fidelidad del personaje de Nicole Kidman al celoso y mosqueado Duke. Este colorista *Moulin Rouge*, en algunos de sus números musicales, parece una especie de *Saturday Night Fever* setentero. A parte de pasárselo bien, el espectador puede poner a prueba su *culturilla* musical y jugar a identificar los temas constantemente aludidos a lo largo del film.

El fantástico espectáculo enmarca un argumento que no puede ser mas simplón: chico conoce a chica, chica enferma y muere, chico queda desconsolado. Y sin embargo estamos ante un film estimable. Existe por parte de determinados cinéfilos la obsesión por *el mensaje o mensajes*, las ideas apuntadas y desarrolladas por una película, el puñetazo emocional, su condición *engage*, etc, y la valoran en función de eso. Pero si hubiera que basarlo todo en las ideas o "mensajes", mejor haríamos en dejar de hacer películas, o hasta de redactar novelas, y nos dedicásemos tan sólo a escribir ensayos, que siempre serán superiores (en lo que a desarrollo de ideas se refiere) a la creación de arte literario, musical o cinematográfico.

Moulin Rouge nos recuerda que una película puede ser una obra sensualmente agradable y sin obligación de ser soporte de mensaje alguno. Su mensaje es su fantasía y belleza. Ah, y para verla, el espectador hará bien en hacerse con una pantalla grande.

OCTUBRE 2001

L' AUBERGE ESPAGNOLE (UNA CASA DE LOCOS). CEDRIC KLAPISCH, 2002

FRANCIA/ESPANA. INTERPRETES: ROMAIN DURIS, CECILE DE FRANCE, BARNABY METSCHURAT, JUDITH GODRECHE, AUDREY TATOU

AGRADABLE DESBARAJUSTE LINGUISTICO

Una casa de locos es el absurdo título hispano para *L'auberge espagnole*, coproducción franco-española que se ha convertido en una especie de película de culto entre los estudiantes ERASMUS, aparte de haber reventado (según se dice) alguna que otra taquilla en Francia. La cinta nos relata las peripecias de un joven parisino licenciado o a punto de licenciarse en Económicas a quien se le ofrece la posibilidad de acceder (por enchufe) a un *buen empleo* para el que no obstante se necesita dominar el castellano, además de conocer un poco los entresijos de la economía española.

Por ello, acabará abandonando París (y de paso a su novia, la Audrey Tatou de la celebérrima *Amélie*) para viajar a Barcelona, ciudad en la que permanecerá por espacio de un año, en un piso de estudiantes (la *casa de locos* del título) situado en el casco antiguo. La mayor parte de la acción está pues localizada en Barcelona, lo que convierte *l'auberge espagnole* en una película especialmente atractiva para el espectador barcelonés, y es que siempre nos suscita algo de curiosidad el saber como nos ven los otros, en especial los franceses, que en tan buen número recalan en nuestra problemática ciudad, tan maja vista desde fuera. La cámara de Cédric Klapisch nos muestra principalmente escenarios del casco antiguo o medieval o Ciutat Vella (para mi, la *auténtica* Barcelona), que es donde se encuentra el pisito estudiantil, que le cuesta por cierto un ojo de la cara al grupito Erasmus, y que pagan entre todos. El temible casero asoma la nariz de vez en cuando para gruñir o subirles el alquiler.

La película se aleja de los tópicos de postal y nos ofrece una reproducción bastante cercana a la realidad de esta ciudad nuestra: la dificultad para encontrar vivienda, la existencia de algún que otro paraje *tercermundista* (a decir de uno de los personajes), y no sólo no ignora la presencia de la lengua catalana sino que tampoco escamotea la compleja realidad sociolingüística barcelonesa. Llega a mostrarnos sin tapujos la rotunda (y algo acalorada) negativa de un profesor universitario a abandonar en su clase el uso del catalán en beneficio del castellano, tal y como demandaba una de las inquilinas del pisito, la belga, tras acordarlo con los demás. El estudiante protagonista logrará, al término de su estancia, aprender aceptablemente el castellano, y la cinta deja de alguna manera claro que la complejidad lingüística de la ciudad no conlleva ningún tipo de conflicto serio.

Esa *casa de locos* localizada en Ciutat Vella, ese inmueble en el que conviven cerca de una decena de estudiantes de diversas nacionalidades de la UE y que es el escenario central de la película, se transforma en algo así como una metáfora del *caos* plurilingüe europeo y convierte a *l'auberge espagnole* en una especie de exaltación o celebración de dicho caos y de una atractiva y colorista identidad europea basada en esa complejidad.

Aunque las situaciones y peripecias del estudiante parisino y del resto de personajes a lo largo de la película no se apartan demasiado de un cierto (desvaído) naturalismo, la narración va evolucionando en su tramo final hacia alguna situación tan divertida como inverosímil.

Aunque yo tengo cierta tendencia a defender el doblaje como una versión alternativa a la original (y nunca lo considero un *destrozo* o fraude como pretenden absurdamente algunos, pues el original sigue disponible), creo que es conveniente ver *Una Casa de locos* en su V.O. (plurilingüe, aunque principalmente en francés), ya que de otro modo se pierde uno de los grandes atractivos de la cinta: el *desbarajuste* lingüístico.

L' auberge espagnole gustará a estudiantes con inquietudes lingüísticas y a barceloneses en general.

DICIEMBRE 2002

EL GUATEQUE. BLAKE EDWARDS, 1968

THE PARTY. EEUU. INTERPRETES: PETER SELLERS, CLAUDINE LONGET, MARGE CHAMPION, STEVE FRANKLIN. MUSICA DE HENRY MANCINI

IRRUPCION ORIENTAL

El Guateque (The Party) es un auténtico paseo antropológico por los sesenta. Como buena parte de Blake Edwards, del Edwards sesentero: el de la Pantera Rosa o del *Desayuno con diamantes.*

¿Qué es *El Guateque?* Ante todo: una sucesión de gags espléndidos, como el del zapato inoportuno que se escapa y que luego cuesta tantísimo de recuperar. O la búsqueda del angustioso cuarto de baño. O el encontrar un poco de alegría en una *party* desdeñosa. Encontrar a Claudine Longet.

Sorprende la elegancia de Peter Sellers, la contención de su personaje. Sí, esa especie de elegancia en el ridículo. Se puede hacer el ridículo -insistentemente como el Sellers hindú- pero de un modo *arty.*

La película cuenta también -no va a ser menos- con sus lecturas intelectuales. *La irrupción de elementos orientales en la cultura occidental,* dicen, o se ha dicho. Ese elefante. La irrupción oriental de George Harrison. El *Sargento Pepper.* La India que irrumpe: en los Sesenta, en Occidente. O el enfrentamiento en clave *slapstick* entre un Hollywood apoltronado y otro emergente. Emergente y

81

fresco y con ideas.

No se. Yo me quedo con el *gag* magistral del zapato. Empecé a reírme con él de niño, y aún me dura. Me quedo -igualmente- con el *Nothing to lose* de Mancini, su encanto y su magia *sixties*.

Me quedo con toda la película, que reveo en momentos de excitación o de melancolía. Hindú me he sentido en muchas fiestas.

JUNIO 2007

CENTAUROS DEL DESIERTO. JOHN FORD, 1956

THE SEARCHERS, EEUU. INTERPRETES: JOHN WAYNE, JEFFREY HUNTER, VERA MILES, NATALIE WOOD. MUSICA MAX STEINER

LA CERTIDUMBRE DE LA EXCLUSION

Ocurre que a veces, a un hombre henchido de odio hacia sí mismo y hacia su inmediato mundo, se le concede la posibilidad de transmutar el odio en orden moral.

¿En orden moral? Sí. De pronto el mundo circundante y odiado le brinda una buena causa: restablecer el orden y la moral y recomponer un pequeño pedazo de ese mundo circundante y (hasta entonces) odiado. La Civilización lo reclama para sí, dispuesta a acogerlo, exigiéndole tan "sólo" una prueba de rectitud y de adhesión.

Eso es lo que se le ofrece a Ethan (John Wayne) en la película más bella y feroz de la historia. Un tipo rufianesco y racista (alejado del noble arquetipo que aquel actor había ido levantando), un tipo enfurecido que no encaja. Que odia y que no encaja.

Un tipo que ama. Que ama a una mujer ya tomada. De pronto una partida de indios arrasa la cabaña a la que volvió tras la Secesión enloquecida. De pronto, la partida de indios asesina a los habitantes de la cabaña y asesina a la amada ya tomada y a su hermano y a toda su familia y rapta a

Debbie, su sobrina (la incipiente Natalie Wood).

El hombre moralmente devastado encuentra asi una via para "redimirse". Para "redimirse" o quizá más bien para canalizar con más eficacia su odio. Transmutar (acaso engañosamente) esa soledad y ese odio, en noble ofensa, en humanidad, en dolor. Junto a Martin, el mestizo de inicio despreciado -luego adorado, como el hijo que nunca ha de tener- marcha hacia la llanura y el infinito ignorado en ese XIX, y hacia la búsqueda de Debbie.

Ford coloca a Eurípides en mitad de la vastedad y en mitad del XIX, y en el entorno bárbaro del continente salvaje; Ford retoma el trabajo de escarbar en las desmesuras que el lenguaje y el ritmo (acaso tampoco la imagen) de calibrar no terminan.

Ethan (John Wayne) ¿fracasa?. Al término de la aventura se le concede contemplar su propio rostro en el del odiado Cicatriz. Ese indio criminal responsable de las muertes que hubieran podido recuperarlo -a él, a Ethan- y que no han podido hacerlo, como nada podrá ya. Como nada pudo recuperar al propio Cicatriz, tampoco al indio criminal, acaso no más criminal que Ethan, extraño también él, el indio, entre los suyos. Cicatriz, que ensayó también la muerte y el horror, como Ethan en su Guerra de Secesión.

Ethan se funde en Cicatriz, su doble (Borges hubiera escrito *para la divinidad uno y otro eran el mismo),* arrancándole la cabellera, súbito piel roja, también él.

Todo es desmesurado en esta película. Los escenarios a escala sobrehumana, y la determinación -cinco años llevan a Ethan la culminación de su venganza, de su falso *rescate*- y la búsqueda alucinada y salvaje del yo o del lugar que uno ha de ocupar en el mundo. Y esa desmesura moral -ese desmesura del odio, esa obcecación de una emoción en el Tiempo- es lo que convierte a Ethan en un héroe griego, y lo salva de ser un pequeño revanchista.

No asesina a Debbie una vez reencontrada -Debbie, sobrina y blanca, que en esos años había cohabitado con indios aborrecidos. No la asesina, como su resentimiento inicialmente le aconsejaba.

Pero Ethan no se engaña y ni la circularidad de la película puede engañarnos (la puerta que se cierra y que se abre, que da entrada a Ethan y que al final bellamente lo expulsa): el héroe -pues de héroe hay que hablar aquí, y trágico- ha encontrado acaso lo que buscaba.

Sí, quizá sí que lo ha encontrado: la certidumbre de su exclusión.

JUNIO 2007

SOLARIS. STEVEN SODERBERGH, 2002

EEUU. INTERPRETES: GEORGE CLONNEY, NATASCHA MCELHONE, VIOLA DAVIS, ULRICH TUKUR. BASADA EN LA NOVELA DE STANISLAW LEM (1961)

SOLARIS. ANDREI TARKOVSKY, 1972

URSS. INTERPRETES; NATALIA BONDARCHUK, DONATAS BANIONIS, JURI JARVET, NIKOLAI GRINKO. BASADA EN LA NOVELA DE STANISLAW LEM (1961)

PLANTADLES CARA

A veces -muchas veces- me pongo a pensar en esa obra conjunta Lem-Tarkovsky que es *Solaris*. La obra conjunta de ese autor conjunto. El *pack* libro-película (Lem, 1961 / Tarkovsky, 1971), sin olvidarme del comentario a pie de página de 2002 del estimable, aunque algo romo, Soderbergh.

Solaris, el Planeta, el Océano; el Enigma. Una Inteligencia, una Sensibilidad, ¿una Crueldad? incomprensibles. También la Tierra es un enigma. Ella también "crea", o pare de su seno, criaturas misteriosas: nosotros, y los autómatas biológicos que nos acompañan. Lo hace sin copiar de original alguno. Solaris recrea a partir de los originales, de los atormentados científicos que hollan su suelo.

Solaris es indescifrable, como es la Tierra y como lo es cualquier Mundo. Como lo es el Cosmos, con sus secretos sólo parcial y recientemente desmadejados. Los secretos. Así lo hemos percibido siempre, y transmutado en clave artística, en épocas pretécnicas. Hace milenios: La Biblia ese maravilloso conjunto de alegorías, ejercicio literario inagotable en el que se metaforizan nuestras antiguas y nunca del todo resueltas perplejidades. *El libro de Job*, la Zarza ardiendo. *¿Porqué, Dios, me haces esto? ¿Porque tan ciego, irracional, injusto? Porque soy el que soy -*responde el Dios-, *porque mis caminos son inescrutables. Por mucho que llegues o creas llegar a escrutarlos, en el futuro inconcebible. Por mucho que muerdas el árbol de la Ciencia, mis razones se te escaparán siempre.*

Lucharás por tu vida y por tu inteligencia y por tu orden y tu equilibrio, y un buen día un azar fortuito acabará contigo, te borrará a tí y a tus desconciertos. ¿Cual es el sentido? Búscalo tú. Invéntatelo.

Nos hallamos en Solaris, como Kelvin. En un Planeta que escarba dentro de nosotros y nos desafía. Un Planeta-Zarza que arde. Al que se interroga y no responde o lo hace evasivamente. *¿Porqué nos haces esto, porque nos confrontas con lo mas profundo de nuestra (sub)Concienci*a?. *¿Con nuestros dolores o nuestros sueños?*

¿Porqué nos los colocas ante los ojos, cuando nos hemos pasado media vida tratando de desdibujarlos?

Eso que queréis desdibujar -hubiera podido murmurar el Planeta Consciente- *sois vosotros mismos. Pues no sois otra cosa que vuestros sueños y vuestros deshechos. Aquí los tenéis. Plantadles cara.*

MAYO 2007

EYES WIDE SHUT. STANLEY KUBRICK, 1999

EEUU: INTERPRETES: TOM CRUISE, NICOLE KIDMAN, ESCRITA POR STANLEY KUBRICK Y FREDERIC RAPHAEL. MUSICA DE JOCELYN POOK

SCHNITZLER EN NUEVA YORK

En uno de nuestros encuentros, en esta ocasión en casa de Fanny (Sorkin)*, el pasado lunes de Pascua, día en que Helena (Gausí) decapitó salvajemente una gallina de chocolate, Roberto Cordano, italo-escritor, *enfant terrible* temible, polemista profesional, valiente disminuidor de Borges, se descolgó con una de sus ideas explosivas. Tembló el ático en el que se celebraba la barbacoa, se sobrecogieron bistecs y morcillas, trémulas sobre las brasas. Eyes Wide Shut, *de Kubrick* -proclamó Cordano- *es mediocre, Tom Cruise es inexpresivo y a su vez mediocre, el propio Kubrick* -no recuerdo ahora si también dijo, tal era mi desconcierto- *es igualmente mediocre.*

Aterrado, empequeñecido ante el ímpetu dialéctico de Roberto, susurré que *Eyes Wide Shut* no me parecía tan mediocre: algunas de sus escenas se me antojaban memorables. Helena, cosa que agradecí, se mostró de acuerdo. La secuencia o secuencias orgiásticas - esas en las que se adentra el inesperadamente noctámbulo Harford-Cruise- son magníficas, gozosamente escalofriantes.

---

*El lector se preguntará quienes son Fanny Sorkin, Helena Gausi y Roberto Cordano: un trío de camaradas barceloneses, esforzados colegas de escritura.

La música que subraya las enmascaradas orgías caligulescas -y como escribí en algún lugar internáutico, hace ya años- es de lo más intenso que me ha sido deparado en mis dias de tímido espectador cinematográfico.

En el meeting hipercolesterolémico, balbucée -asentí- que el inexpresivo Cruise era precisamente lo que buscaba Kubrick. Ah, la pareja Cruise-Kidman, hallada con felicidad, quien sabe si azarosa. La Kidman, sombría y bella y bello el culo contoneante; la Kidman, símbolo de profundidades femeninas recónditas ("*si supierais en verdad como somos*", le dice al marido, al Harford), y el Cruise pateante y llorón. Pero eso perseguía Kubrick. El contraste, el misterio, el desconcierto masculino, la estupefacción masculina, los abismos del alma femenina, acaso inexplorados, a pesar de Virginia Wolf y de algún otro (otra); todo eso puede rastrearse en *Eyes Wide Shut.*

Una cosa está clara. Una herida te abre -si no en la conciencia, sí al menos en la sensibilidad- ese descenso a los infiernos, ese viaje al fin de la noche del personaje de Cruise, esa música...

Esa música. Deliciosa e infernal. Creada por una estadounidensita mona que en 1999 estaba todavía en la treintena. Y no por un clásico de pulso devastador, como había creído yo.

El tubo (*) que recojo, recoge a su vez algo del asustado pateo de Harford-Cruise por la noche y por Nueva York. Hacia la mitad -o el primer tercio del metraje- Cruise encuentra en su vagabundeo a un ex-compañero de facultad que no acabó la carrera, y que ha devenido pianista. Charlan, beben. El pianista revela que ha sido invitado a tocar en un secreto lugar en el que se celebra un encuentro orgiástico, cuyos protagonistas son gente de mucha relevancia, muchísima. Es necesaria una contraseña para entrar: Fidelio, ópera del viejo Ludwig Van. El pianista y el médico se despiden. Harford-Cruise resuelve ir por su cuenta y riesgo al misterioso lugar insinuado, abismarse en Nueva York y en la noche y en su conciencia y en su obsesión y en su neurosis.

Eyes Wide Shut: *los ojos cerrados de par en par*, una poderosa versión, traslación en imágenes de la decorosa novelita austro-húngara de Schnitzler. Traída de los años 1910 al convulso, finisecular 1999. Carruajes permutados en motores de explosión. Viena devenida Nueva York. Afilados todos los ángulos por Kubrick, todos los ángulos de la susurrante novelita. Punzantes, desolladores.

(*) video youtube

ABRIL 2007

FAUSTO 5.0. ISIDRO ORTIZ, ALEX OLLE, CARLOS PADRISSA, 2001

INTERPRETES: MIGUEL ANGEL SOLA, EDUARD FERNANDEZ, NAJWA NIMRI, JUAN FERNANDEZ

MEFISTOFELES PERNOCTA EN BARCELONA

Tercera visitación faústica de la compañía catalana *La fura del Baus*. Tras el montaje teatral *Fausto versión 3.0* y la opera vanguardista *La condenación de Fausto*, la Fura insiste de nuevo en el viejo mito para ésta su primera y acertada incursión cinematográfica. Aunque la película traslada eficazmente al celuloide el mundo de la Fura, no constituye tan sólo una peripecia teatral (como algunos críticos temían) sino un brillante ejercicio de cine de género.

Fausto 5.0 es una estimulante experiencia visual y auditiva elaborada a partir de un material mítico del que la cultura europea lleva ocupándose desde hace varios siglos. Contrariamente a lo que muchos piensan, no fue Goethe el creador de *Fausto*. El canónico autor alemán volvió a desarrollar literariamente un mito preexistente que también había sido utilizado por Christopher Marlowe dos siglos atrás. En este XXI al que acabamos de arrancar el plástico, el tema sigue fascinando. *La Fura del baus* lo ha abordado ya desde tres lenguajes diferentes (teatro, ópera y ahora cine), lo que prueba la vitalidad del mito del erudito embebido en conocimiento que pacta con el diablo a cambio de conocer *el otro lado del jardín*, o mejor dicho, el otro lado de sí mismo.

Más allá de nuestra pedantería literaria, de nuestra ansia de acumulación de datos culturales (que nos permitan brillar socialmente o ganar algún concurso televisivo), el de Fausto y Mefistófeles es un mito demasiado vivo y palpitante como para quedar reducido al sarcófago de un libro. Se trata de algo que nos afecta de una manera tan intensa y directa que no podemos limitarlo a una mera cuestión de *culturita* literaria.

Fausto representa muchas cosas: el bucear en el propio interior, que es algo tan abrumador y sideral como el propio Cosmos; el enfrentarse de una vez con nuestro *retrato de Dorian Gray* personal (que tenemos encerradito bajo siete llaves para que nadie lo vea, ni siquiera nosotros mismos); el sacar a pasear a nuestro recóndito y enloquecido *alter ego*; o el atrevernos a consumar los deseos, pero los nuestros, no los de los martilleantes mercaderes de sofisticadas baratijas que nos taladran el castigado cerebro las veinticuatro horas del dia con su insufrible música machacona y ruidista.

Por todo ello volvemos una y otra vez sobre Fausto y su oscura peripecia. Y esta versión 5.0 que nos sirve la Fura seguro que no será la última. Pasarán mil años y seguiremos hablando del tema, seguiremos asomándonos a nuestras propias entrañas y cuestionándonos sobre ellas, a tientas.

La película se desarrolla en algún momento del futuro (posiblemente cercano) en un indefinido escenario hacinado y siniestro, pero en el que se reconoce fácilmente una futura Barcelona de pesadilla, multirracial e hipertrofiada. En esta onírica y espeluznante Ciutat Vella gigante, un arrabalero Mefistófeles de horribles gafas setenteras aborda al reconcentrado Doctor Fausto, experto en enfermedades terminales y en fase terminal mental y emocional él mismo. El personaje (supuesto antiguo paciente desahuciado de Fausto) ayudará al doctor a sumergirse en la oscura ciénaga de sus deseos más recónditos, a sacar al exterior a su sangrante y salvaje Mr. Hyde.

Pocas veces el cine nos brinda una posibilidad tan clara (tan turbiamente clara) de sentir que, de alguna manera, *atravesamos el espejo*. Esto nos pasa sólo cuando el arte logra su objetivo. A mi la última vez que me ocurrió fue en 1999, con el sombrío experimento de Kubrick *Eyes wide shut* en la que el protagonista también buceaba en el interior de sí mismo en su largo viaje hacia el fin de la noche.

Con Fausto 5.0, me ha vuelto a suceder. Muchos son los elementos que hacen de esta cinta una de las experiencias cinematográficas más fascinantes de los últimos años: sus fríos y desvanecidos fotogramas, desteñidos y como lavados a la piedra; la decibélica banda sonora; los guiños *cronembergianos*; la deliciosa y *extraterreste* Najwa Nimri en su *blanco* papel...

Tras la borrachera de sonidos e imágenes, uno sale del cine sudoroso y zigzagueante, y casi trata de reconocer la silueta de Mefistófeles entre las sombras de una Barcelona (todavía) no tan pavorosa como la de la película.

OCTUBRE 2001

EL ADVERSARIO. NICOLE GARCIA, 2002

FRANCIA/ESPANA. LADVERSAIRE. INTEPRETES: DANIEL AUTEUIL, *GERALDINE PAILHAS, FRANCOIS CLUZET, EMMANUELLE DEVOS. MUSICA ANGELO BADALAMENTI*

LA VERDAD OS HARA LIBRES

(Sobre la obra El Adversario (2000) de Emmanuel Carrère, en que se basa la película de Nicole Garcia)

Esta historia es tan alucinante que desde que la lei por vez primera hace un par de años, no he dejado de pensar en ella, de representármela, de recrearla en mi mente y en mi imaginación. En revolcarme en su horror, en su inverosimilitud, en la radicalidad con la que confirma ese cliché tan manido de que la realidad supera a la ficción.

En los primeros días de 1993, un científico de la OMS, Jean Claude Romand, asesinó a su mujer y a sus dos hijos, y tras ello intentó sin éxito suicidarse, prendiendo fuego a la casa. Durante la investigación del suceso, se reveló que Romand no era médico investigador de la OMS ni nada que se le pareciese, al contrario de lo que pensaban su familia y amigos; también fueron revelándose muchas más cosas que dejaron claro que la vida del tal Romand era una ficción de envergadura increíble. Llevaba engañando desproporcionadamente a su entorno desde hacía cerca de 20 años. Era cierto que había comenzado la carrera de Medicina, pero la abandonó poco antes de comenzar el tercer año, mientras fingía que continuaba sus estudios. Y siguió fingiendo durante casi dos décadas.

Algunas de las supercherías con las que Jean Claude Romand fue tejiendo su falsa existencia paralela fueron la culminación de su licenciatura de médico, la incorporación como investigador en la OMS, sus relaciones con el gran mundo y las amistades imaginarias con grandes nombres de la Ciencia y de la Política. El tipo salía de casa cada mañana, marchaba a su inexistente trabajo y pasaba el día vagando con su automóvil por los más diversos parajes. El dinero lo sacaba de estafas y mentiras. Ni su mujer, ni sus hijos, ni sus padres ni amigos sospecharon -es de suponer- nunca nada. Al final la verdad estalló de manera salvaje.

¿Cómo es posible que la Realidad pueda albergar dentro de si perversiones como ésta, deformidades tales de la lógica y de la sucesión natural de los acontecimientos? De haber pretendido ser ésta historia un simple guión cinematográfico o un intento de best-seller -y no una perversa ocurrencia de lo Real- habría sido sin duda arrojada a la papelera, por absurda e inverosímil. ¡Dios mío! ¿Es posible imaginar una existencia más horrible, un pavor más inabarcable y profundo que el de los días de este hombre? ¿una soledad más honda y sin esperanza? ¿una gangrena mayor de la existencia?

Optar por la verdad no es sólo una cuestión moral, es también un asunto pragmático, una herramienta para la compañía, para la amistad, para el amor y también, a la larga, para el éxito. Cuanta más mentira, más dolor, más sufrimiento, más esclavitud, más desamparo. Cuanta más verdad, más autoconfianza, más seguridad, más libertad. La Verdad os hará libres- dicen que dijo el inteligente carpintero de Nazareth. Esa es, para mí, la gran lección de esta historia.

El adversario -que es la exposición de la peripecia de Romand en un formato que recuerda al Capote de *A Sangre fría*- puede hacer también las veces de denuncia de la Sociedad de las Apariencias y de los parámetros absurdos que definen el éxito social a la altura de los años 2000.

JUNIO 2005.

SOLARIS. STEVEN SODERBERGH, 2002

EEUU. INTERPRETES: GEORGE CLONNEY, NATASCHA MCELHONE, VIOLA DAVIS, ULRICH TUKUR. BASADA EN LA NOVELA DE STANISLAW LEM (1961)

SOLARIS. ANDREI TARKOVSKY, 1972

URSS. INTERPRETES; NATALIA BONDARCHUK, DONATAS BANIONIS, JURI JARVET, NIKOLAI GRINKO. BASADA EN LA NOVELA DE STANISLAW LEM

BORGES CIENTÍFICO

Hace uno o dos meses me topé en la FNAC Triangle de Barcelona con una novísima edición en DVD de la hasta ahora inencontrable *Solaris*, de Andrei Tarkovsky. Me sorprendió ver un estante lleno a rebosar de copias del film ruso. Supongo que no es ajena a esta reedición la todavía reciente versión de Soderbergh-Clooney.

Ya se que sonará como un tópico de exquisitez intelectual, pero la versión del maestro soviético supera en mucho a la de Soderbergh, sin ser ésta ni mucho menos desdeñable. No me pareció en absoluto tan tediosa, como habían advertido no pocos de los que pudieron verla en VHS o en alguna Filmoteca. Es lenta, eso si, pero me parece más clara que *2001, una Odisea del Espacio*. Aunque en absoluto menos profunda y "metafísica". Creo que es una película que se disfruta más en segundos (o terceros) visionados-teniendo ya presente la historia y su desarrollo. Es sin duda, una obra para paladear.

En cuanto a la versión protagonizada por George Clooney, creo que su principal defecto es que, a pesar del título, se interesa menos por el planeta Solaris (verdadero protagonista y enigma central del libro original de Lem), que por la pareja sobrenatural formada por el psicólogo Kelvin (Clooney) y por su enigmáticamente materializada compañera. Como dijo el propio Stanislaw Lem (vivo aún) preguntado por la reciente versión estadounidense, que él supiera, su novela se titulaba *Solaris* y no *Amor en el Espacio exterior...*

Pero dejando aparte las películas (y sé perfectamente que esto es otro tópico intelectualoide) lo que me parece insuperable es el libro de Lem (1961). A veces, me gusta fantasear con la idea de Borges en *Pierre Menard, autor del Quijote,* y soñar que fue el argentino quien realmente escribió la novela: un Borges finalmente decidido a crear una novela (lo que nunca hizo) y cuya formación fuese eminentemente científica y no humanística y literaria.

ABRIL 2006

HOUSE (SERIE DE TV). 2004-

EEUU.INTERPRETES: HUGH LAURIE, LISA EDELSTEIN, OMAR EPPS, ROBERT SEAN LEONARD, JESSE SPENCER. CREADA POR DAVID SHORE. DISTRIBUIDOR: FOX

EL ENIGMA HOUSE

House es una serie extraordinaria. Y un enigma popular y televisivo.

No lo es sólo por la deliciosa incorrección política del personaje asqueroso y delicioso, martillo de charlatanerías culturales, políticas y pseudocientíficas, también y ante todo, porque implica -en clave gamberra- una contundente reivindicación de la Ciencia y la Medicina como frio ejercicio análitico, lógicoracional y escrupulosamente seguidora del método científico. Sin descuidar, claro está, la idea de *genio intuitivo* (otra "incorrección"). Y es esa chispa de genialidad la que pone en marcha, la que dispara el proceso desvelador.

Para House, la Medicina es puramente una operación intelectual, un desafío detectivesco con un "culpable" (un bichito o un misterioso trastorno fisiopatológico), un escenario (la patología resultante) y una víctima: la víctima. Un Holmes de la Ciencia Médica, para quien solo cuentan las cada vez mas desatendidas células grisáceas de la caja craneana, la recogida de datos y la interrogación crítica de la Realidad. Sin ningún tipo de niebla sobrenatural u oculta como en otras series de televisión también (y desdichadamente) exitosas.

101

Frente a la cansina palabrería *alternativa* con su presunta voluntad de centrarse no en la enfermedad aislada sino en la *persona* (como detesta este servidor ese lenguajito *newage,* suave e infumable), sus mojigaterías *humanísticas,* sus círculos y espirales especulativas y su bruma no contrastada, House se erige como el campeón de la Medicina Científica Occidental.

¿Y porqué es un enigma este excepcional programa televisivo? Pues porque resulta que ha salido de las profundidades de un estudio de televisión estadounidense (su origen no es precisamente *indie*) y con vocación comercial, y ello en una época de creciente presencia y aceptación desgraciada por parte de un atolondrado publico del *rubbish* misticoide y alternativo, con sus sibilinos e incrustados ataques a la Ciencia. Esa Ciencia que teniendo en cuenta la enorme cantidad de sufrimiento o simplemente incordio del que nos dispensa en todos los terrenos de la Existencia (no solo en el médico) merecería una defensa lo mas aguerrida posible frente a la caterva de estafadores holísticos.

Por todo ello, y más que me callo, *olé* House.

AGOSTO 2009

PARQUE JURASICO. STEVEN SPIELBERG, 1993

EEUU. INTERPRETES: JEFF GOLDBLUM, LAURA DERN,SAM NEILL, RICHARD ATTENBOROUGH. ESCRITA POR MICHAEL CRICHTON. MUSICA DE JOHN WILLIAMS.

DINOSAURIOS EN LA COCINA

La película es un espectáculo espléndido; una joyita del cine comercial y uno de los tratamientos más sugestivos que ha hecho el cine reciente -al menos el que se fabrica en Los Ángeles- en torno a la Ciencia Natural.

Parque Jurásico (Steven Spielberg, 1993) tiene algo de Tiburón, algo de ET y de los *Gremlims* y de los bichitos spielbergerianos, pero sobre todo mucho de Frankenstein y su complejo; de su historia y su advertencia. De nuevo la Ciencia hurgando donde no debe; eso al menos se nos insinúa (sutilísimamente) en la película. Más exactamente esto: *los dinosaurios tuvieron su oportunidad* y la naturaleza -mediante su mecanismo, la evolución- se los sacó de encima. *El diseñador inteligente* (como lo llaman ahora) se los sacó de encima, y sus caminos son inescrutables. El hombre no puede, no debe, colocarlos de nuevo en escena, a esos dinosaurios desestimados. Si hace eso, que se prepare porque le van a ocurrir cosas muy desagradables. Se enfrentará quizá a la ira del diseñador inteligente.

Y le ocurren esas cosas desagradables a lo largo y ancho de las dos horas del metraje de *Parque Jurásico*. Vaya que si le ocurren. Los dinosaurios se zampan a más de un visitante y se mueven por aquí y allá como ratones; hasta en la cocina (literalmente) se los encuentra uno.

Luego de mil y un correteos y gritos y bocados, hacia el final de la película, con Laura Dern y compañía ya confortablemente instalados en un avión o helicóptero y reponiéndose del susto, hay un bello plano en el que aparecen unas aves o pájaros sobrevolando el cielo y el océano. Los personajes sobrevivientes contemplan desde su avión o helicóptero ese cielo y esas aves y no dicen nada, pero la cámara del sibilino Spielberg lo dice todo. Uno de los intrépidos científicos nos había previamente recordado que las aves son los descendientes actuales de los extinguidos dinosaurios. Nos dicen, yo no se si Spielberg pero sí sus inteligentes imágenes: *Esos (las aves ensoñadas que sobrevuelan ese cielo) son los dinosaurios del presente: no queramos alterar este bello presente (re)creando lo que no debemos, sumergiéndonos en el infierno al que va irremisiblemente el que se atreve a morder el árbol de la Ciencia.* No transmutemos en infierno y en dinosaurio lo que Dios -y su *inteligente diseño*- ha transformado andando el tiempo en bellas y poéticas aves del presente. Una advertencia teleologista (*si Dios ha convertido a los megareptiles en aves por algo será*) apretada en ese plano, en esas aves y ese cielo.

Algo así se nos proclamó también en la versión de 2005 (igualmente de Spielberg) de la *Guerra de los Mundos*. El mensaje del cine comercial norteamericano parece ser el siguiente: "*Dios es el mejor ingeniero, el más inteligente de los diseñadores. No hemos de entrometernos en sus planes (Frankenstein, Parque Jurásico); en ocasiones incluso sus diseños nos sacan las castañas del fuego* (Guerra de los mundos, 2005).

En definitiva. *No manipulemos la obra del Diseñador* -nos advierten desde Hollywood- *y confiemos, si el caso lo requiere, en Su infinita inteligencia.*

OCTUBRE 2007

SHERLOCK HOLMES. GUY RITCHIE, 2009

GB. INTERPRETES: ROBERT DOWNEY JR, JUDE LAW, RACHEL MCADAMS. BASADA EN LOS PERSONAJES DE ARTHUR CONAN DOYLE

SHERLOCK HOLMES, PUñETAZOS Y ANALISIS LOGICO

Ni cuando era adolescente me gustaba marchar en manada, pero el ultimo *Boxing Day* (o día de *San Esteban* como lo llamamos en España) hice la no pequeña concesión de aventurarme por el más radical centro de Londres cobijado y protegido por el educado rebaño del *London International Club.* Un día es un día.

Tras unas horas deambulando por las inmediaciones de Baker Street, patria chica real de los imaginarios Holmes y Watson, tras revolver en el pequeño y abarrotado *Sherlock Holmes Museum* a reventar de *souvenirs* de las contundentes criaturas ficticias, convine (insisto, un día es un día), junto con los restos de la amable manada policultural de la que era improbable miembro aquella tarde, en ir a echar un vistazo a la recién estrenada Sher*lock Holmes, starring i*ncreiblemente *a* Robert Downey Jr y Jude Law.

La película me produjo una estupefacción ya tranquila, estupor medido y calibrado. Ese Holmes (ese Robert Downey, Jr) era naturalmente una maquina lógica, seguidora de la Ciencia Natural y de la Química y aficionada (la maquina lógica) a sorber un poquito de tanto en tanto, porque no, de esa Química (*Holmes eso que bebe usted suele utilizarse para la cirugía ocular,* espeta el petimetre y algo chillón Law-Watson*),* pero la máquina lógica que es el

Holmes de la pantalla (y el de Doyle) también es aquí un dispositivo de concentración y autocontrol y a ratos un remolino *golpeamalos* habilísimo en el manejo de las artes marciales, *japoHolmes*. Un Kungfú analítico se gasta, vamos, y hasta el atildado Law-Watson marca también algunos directos certeros que mandan narices abajo a más de un malvado victoriano, engorrado, hollinado.

Curiosa esta nueva lectura cinematográfica de unos personajes manoseadísimos por cien años de televisión y cine. Lo mejor es el tramo final de la película, en el que un Holmes completamente puesto, *se deja de bromas* y da un autentica sacudida analítica a todo el tejido sobrenatural que la historia había ido hilvanando. Al igual que en los relatos de Chesterton, lo sobrenatural es finalmente colocado sobre el suelo mediante la mecánica racional. Y tal cosa en estos tiempos semimágicos que vivimos yo diría que es más bien de agradecer.

ENERO 2010

EL CASTILLO. MICHAEL HANECKE, 1996

INTEPRETES: ULRICH MUHE, SUSANNE LOTHAR, FRANK GIERING. BASADA EN LA NOVELA DE FRANK KAFKA

KAFKA EN IMAGENES

Una de las cintas menos conocidas en España del realizador austríaco Michael Haneke (Munich, 1942) es esta rotunda adaptación de la inacabada novela de Franz Kafka; de hecho yo he podido verla de auténtico milagro gracias a una retrospectiva que sobre el director de *La Pianista* ha organizado estos días la Filmoteca de la Generalitat catalana. Según el programa, la copia de *El Castillo* que ha utilizado la Filmoteca ya ha sido devuelta a Austria, por lo que el visionado de la película puede ser tarea complicada para el seguidor del cine de Michael Haneke, al menos para el barcelonés; lo mismo vale para las otras dos cintas del realizador austríaco que no fueron estrenadas comercialmente en nuestras latitudes: me refiero a su primera película para el cine *El Séptimo Continente* (1989) y a *71 Fragmentos para una cronología del azar* (1994): las copias que ha proyectado la Filmo están, como en el caso de *El Castillo*, también de regreso en Austria.

Haneke es conocido en nuestro país sobre todo por una película tan dura e impactante como *Funny Games* (1997), cuya insoportable violencia recordaba a *La Naranja Mecánica* de Stanley Kubrick (aunque también tenía algo de la formidable *Reservoir Dogs* de Quentin Tarantino). Su último film estrenado en los cines de Barcelona ha sido *La Pianista*, con la magnífica Isabelle Huppert, un relato igualmente oscuro y perturbador, como es habitual en la todavía corta filmografía del realizador muniqués afincado en Austria.

Con Haneke estamos indudablemente ante uno de los mejores directores que hay en la actualidad en nuestro amenazado ámbito cultural europeo y también ante el protagonista de una auténtica cruzada contra el omnipresente y mentiroso cine californiano; y yo me atrevería a decir que su tenebroso cine de investigación resulta en estos momentos poco menos que imprescindible como contrapeso de las pueriles mistificaciones y payasadas que incansablemente nos llegan desde las playas californianas.

El Castillo es una fidelísima reconstrucción de la fragmentaria novela de Kafka, no permitiéndose Haneke ninguna licencia, contrariamente a lo que hiciera Orson Welles más de treinta años atrás en su versión de *El Proceso*. El germano-austríaco no ejerce ningún tipo de manipulación del texto; se limita a hacer una impecable traducción de Kafka en imágenes sirviéndose de una muy inteligente selección de los momentos clave de la obra. Incluso se atreve a finalizar su película de una manera tan abrupta y poco convencional, como es la de insertar un cartel negro con la leyenda "*aquí acaba el fragmento de Kafka*".

Se ha dicho que a lo largo del siglo XX, el mundo se ha ido volviendo kafkiano. Vivimos en una sociedad deshumanizada en la que cada individuo se ha fabricado una especie de guarida psicológica propia en la que vive como encapsulado y contra cuyas paredes rebotan las palabras de los otros o cualquier intento comunicativo; y ello a pesar de que nuestros queridos publicistas insistan en la importancia de la comunicación y todo ese tedioso y estúpido bla-bla-bla básicamente orientado a vendernos teléfonos móviles y cacharritos por el estilo. Pero en realidad, el nuestro es cada vez más un mundo de autistas. Y es de ahí justamente de donde surge lo *kafkiano* y el drama que conlleva: surge de la ausencia de diálogo y de los déficits afectivos, del malentendido, de la incomprensión: en definitiva, del ir cada uno a lo suyo; en el fondo, el carácter de *lo kafkiano* (tan infatigablemente debatido y analizado) quizá sea tan sencillo como eso. De la frialdad e indiferencia del mundo que nos rodea (de la sociedad afantasmada que hemos construido) surge como una chispa el sentimiento de la propia culpa, el gran tema del autor de Praga, que habría de marcar su vida y su obra.

Una cosa que me sobrecogió al ver *El Castillo* es lo verosímil y "realista" que se aparece Kafka al ser traducido a imágenes; la sensación de que el mundo se ha vuelto kafkiano es si cabe más poderosa viendo la película que leyendo al propio Kafka.

Como curiosidad comentemos que en *El Castillo*, Michael Haneke vuelve a utilizar a los actores que encarnaron a Georg y Ana, el torturado matrimonio de *Funny Games*, que aquí interpretan al agrimensor K. y a Frieda.

MARZO 2002

ELIZABETH THE GOLDEN AGE. SHEKHAR KAPUR, 2007

INTERPRETES: CATE BLANCHETT, GEOFFREY RUSH, CLIVE OWEN, JORDI MOLLA, SAMANTHA MORTON

MITOLOGIAS INEXTINGUIBLES

Elizabeth, The Golden Age, cinta fabricada en el 2007, retoma la historia que Cate Blanchett dejó en 1998, con *Elizabeth*. La australiana vuelve a meterse en la piel de la legendaria "Reina virgen". O *la bastarda*, según los católicos españoles e irlandeses del siglo XVI.

Elizabeth I era hija de Enrique VIII y de Ana Bolena, que fue ejecutada por el Rey cuando Elizabeth tenía dos años y medio. En 1558, sucedió en el trono a la hipercatólica *Bloody Mary*, hija del *barbazul* (Enrique VIII) y de la sufrida Catalina de Aragón. Mary había estado casada con Felipe II de España, que habría de convertirse en el archienemigo de Elizabeth. Entre 1556 y 1558, Felipe fue, por lo tanto, rey consorte de Inglaterra, además de serlo de España y de su Imperio europeo y americano.

Según los mitos historiográficos ingleses, Elizabeth (*The Virgin Queen*) fue acaso la mayor reina de la historia de la Isla y su mandato enmarcó una auténtica Edad de Oro para Inglaterra, de ahí el título de esta segunda película del año 2007. Y no sólo eso, sino que su reinado se caracterizó por la libertad religiosa y de pensamiento (para los estándares de la época) y el desarrollo material, en oposición al fanatismo religioso de la España de Felipe II y su inminente bancarrota.

111

Elizabeth fue además, la enérgica y rotunda vencedora de la Gran Armada Española, mediante la cual el "perverso" monarca de El Escorial pretendía invadir la resplandeciente isla, incorporarla a sus cerrados y asfixiantes dominios y de propina sentar a su hija en el trono.

La mucho mayor complejidad de las guerras anglo-españolas del período 1587-1603 (de resultado global mucho más incierto de lo que pretende el mito, según los historiadores recientes) es reducido por los románticos guionistas de *Elizabeth, The Golden Age* al estrepitoso fracaso de la Invencible en 1588.

Y es aquí, en la exactitud histórica, o más bien inexactitud, donde probablemente la película chirría. *Elizabeth The Golden Age* es visualmente espléndida, la reconstrucción de la época es magistral, pero el relato bebe demasiado de los estancados mitos nacionales ingleses. La corte de Elizabeth es retratada en el filme como una luminosa corte renacentista, donde brincan graciosamente el ingenio, la ironía, la tolerancia y el colorido de los tapices. *La Reina Virgen* flota refinadamente por sobre los ricos salones, con su vigor y elocuencia políglota, su modernidad incipiente, que es la de Inglaterra. Con su deliciosa capacidad para tolerar la diversidad religiosa, en oposición a su hermanastra predecesora, la sangrienta (y medio española) Mary.

Y en contraste, la corte de Madrid se muestra en terciopelo negro como ala de cuervo (como corresponde a un mundo tenebroso), recorrida por figuras espectrales de negro o rojo, en especial el propio Felipe II, encarnado por un irreconocible Jordi Mollà que da una caracterización sorprendente al personaje. Nos lo hace aparecer como una especie de caudillo de vocecilla casi inaudible y andares ridículos, ojos *idióticos* pero de hiena y comentarios de psicópata reconcentrado. Tal vez Mollà leyó mal el guión y creía estar encarnando a algún dictador español del siglo XX.

Y este Felipe II de trazo grueso (creación de mitómanos ingleses y que poco tiene que ver con la compleja figura de la historiografía más reciente), se permite saludar frente a una atiborrada plaza madrileña donde el populacho grita enfebrecido, y uno no sabe si eso es la Plaza de Oriente de la década de 1950 o una especie de Afganistán católico.

La delegación española en la corte inglesa se nos presenta como un grupo de tipos arrogantes de pocos matices y quizá luces, y de tez (naturalmente) oscura. Sus "histéricas" acusaciones de la piratería de Raleigh (Clive Owen) no parecen ser tomadas demasiado en serio por la salomónica e ilustrada Reina. Además, según los guionistas, Elizabeth deploró intensamente la ejecución de María Estuardo, aunque finalmente hubo de rendirse a la aparente "necesidad" de esa acción.

Elizabeth, The Golden Age es una película valiosa y de estética impresionante, pero hecha por una serie de ingleses que no parecen haber dedicado el mismo esfuerzo a cuestionar mitos que a la impecable creación de decorados y maquetas.

AGOSTO 2010

LA VIDA DE LOS OTROS. FLORIAN HENCKEL VON DONNERSMARCK, 2006

ALEMANIA. DER LIBEN DER ANDEREN. INTERPRETES: ULRICH MUHE, MARTINA GEDECK, SEBASTIAN KOCH

METAMORFOSIS MORAL

Una de las más fascinantes películas, al menos de las que nos hayan llegado al extremo más occidental de Europa. Fabricada en el 2006, uno no puede menos de pensar que, de no haber sido premiada por los yanquies en el 2007, como mejor película extranjera, quizá no habría ni salido de Alemania.

La película dirigida por Florian Henckel von Donnersmarck no es tan solo un thriller diligente y deleitoso, que el espectador con un mínimo de conciencia histórica y sentido estético sorbe como un néctar, es también una historia audaz y decidida, de esas que no se filman como *quien no quiere la cosa*.

Y es que, para empezar, el tema de aquella Alemania Totalitaria (*orwelliana* si se nos permite el tópico) llamada, en el colmo del sarcasmo político, "Democrática" (República Democrática Alemana, RDA), aquel asunto de las espeluznantes cuatro décadas y pico vividas en el rincón oriental del país germano (y que forman una parte inexcusable de la historia reciente de ese país y de Europa) es algo con lo que hay que irse todavía allí con pies de plomo. Tan solo el pasado nazi resulta aún más incómodo historiográficamente que el relato de la Alemania Estalinista.

La vida de los otros está narrada con nervio, pero también con delicadeza. Mantiene al espectador en vilo porque es un thriller político, pero también un thriller moral. ¿Thriller moral? Sí, porque se atreve a filmar *la metamorfosis moral* de un hombre, un oficial de la kafkiana Stasi, o policía política germano-oriental. Un rotundo servidor del Estado Totalitario, de serpenteantes cables ocultos y grabadoras, y teléfonos pinchados. Ese Estado de absoluta desverguenza ética, de alegre y maquiavélica condición de bestia hobbesiana.

Gerd Wiesler lleva una vida tal que llamarla gris es pintarrajearla falsamente de color. Días de una soledad solo interrumpida por el amor de pago. Horas de trabajo obcecado, televisión pública y platos precocinados. Una existencia de adhesión "ciega" a la lógica opresiva del falso paraíso socialista, a unos ideales revolucionarios ya algo (bastante) raídos en ese 1984 en que la película arranca. Y nada que ver con Orwell, dice el director Henckel von Donnersmarck , ya que así eran las cosas en 1984 en el Este, pero la sociedad descrita es al fin y al cabo, rabiosamente orwelliana.

El magnífico Ulrich Mühe (que ya conocíamos en España por algunos trabajos de Michael Hanecke, como *Funny Games* o *El Castillo*), "antiguo" alemán oriental, *sabía* (pues desapareció en el 2007) muy bien lo que es sentir la lamedura del totalitarismo en sus carnes. De su época de autor teatral en la Alemania estalinista, conoció él también la delación y el minucioso seguimiento.

Difícil encontrar a un actor más apropiado para meterse en la piel de Wiesler, este oficial de la policia política alemana al que se le encargan días y semanas de escuchas y pormenorizada relación de todos los movimientos (supuestamente privados) de una pareja. La formada por el "sospechoso" (para la Stasi) dramaturgo Georg Dreyman y su amante, la actriz teatral Christa-Maria Sieland, y que han de llevarle (a Wiesler) a transitar desde la inclemente determinación del "integro" y leal funcionario político hacia la duda, el instinto humanitario, y finalmente la traición a ese Leviatán del que es supuesto servidor.

Y todo esto filmado de manera elegante, con una especie de discreción afilada, rotunda. Los momentos más duros de la película (la muerte o "suicido" accidental, la volatilidad de los afectos en un marco totalitario, la permanente amenaza, la evidencia de la corrupción, la delación cotidiana, el aniquilamiento monótono de la dignidad) discurren con la mismo tono pausadamente enérgico del resto de la historia.

Y un final (situado ya en la Alemania Reunificada de 1991) callado, sutil. Emocionante.

Digamos que *La vida de los otros* es una de esas obras que suelen calificarse entusiásticamente de "imprescindibles" (aunque solo una parte de las así etiquetadas lo sean). Pero es posible que la película de Florian Henckel von Donnersmarck sea de *verdad imprescindible*: para el disfrute del sentido estético, para la indignación y la denuncia, y regodearse en el espectáculo de las emociones. Para el conocimiento de la Historia y de los animales humanos que en ella viven y vivirán trabados.

AGOSTO 2010

118

www.ingramcontent.com/pod-product-compliance
Lightning Source LLC
Chambersburg PA
CBHW081135170526

45165CB00008B/2677